# 一体感で勝つ

多賀章仁

竹書房

# はじめに

西武ライオンズに入団した山田陽翔の活躍もあり、我が近江高校野球部は2022年のセンバツで準優勝、夏の甲子園ではベスト4の好成績を収めることができた。また、2022年10月20日に行われたプロ野球ドラフト会議では、その山田に加えて本校からOBのふたりもドラフト指名された。中央大学に行っていた北村恵吾が東京ヤクルトスワローズに、西濃運輸の林優樹が東北楽天ゴールデンイーグルスにそれぞれ入団することになった。

令和になってから、本校は先に述べた2022年の2大会に加え、2019年の夏（2回戦敗退）、2021年の夏（ベスト4）とほぼすべての甲子園大会に出場している（2020年は、新型コロナウイルスの影響で春夏ともに甲子園は開催されなかった）。そして、手前味噌な話で恐縮だが、本校は令和になってから甲子園で全国ナンバー1の勝ち星（12勝）も挙げている。残念ながら2022年の秋季大会では3回戦で彦根東高校に敗れ、4季連続の甲子園出場は果たせなかった。今は来たる2023年の夏の甲子園出場に向け、チーム一丸となって練習に取り組んでいる最中である。

本書の中で詳しく述べるが、私は龍谷大学を卒業後1年間、故足立兼敏監督の下でコーチを経験し、翌年（1983年）に近江高校の社会科教諭となり、同時に野球部のコーチも務めることになった。その後、1989年に監督に就任するが、コーチ時代から考えると私の高校野球指導歴は、間もなく40年を迎えようとしている。

今でこそ「近江ブルー」と呼ばれるユニフォームが広く認知され、近江野球も全国に知られるようになった。しかし、かつての滋賀県勢は、センバツでは八幡商業がベスト8に2度進出するなど活躍を見せたものの、夏の甲子園での初勝利は遠かった。初めて夏1勝の扉を開けたのは1979年の比叡山高校で、都道府県別では全国最後となる夏の初勝利であった。比叡山はそのまま勢いに乗り、ベスト8まで勝ち進む。その翌年（1980年）夏には瀬田工業がベスト4、1982年には比叡山が2度目のベスト8、1985年には甲西高校がベスト4と躍進を遂げた（甲西旋風）。しかし、その後、夏の甲子園での滋賀県勢は初戦敗退や1勝止まりの期間が長く続くことになる。

そして、私自身6度目の甲子園出場となった2001年夏、近江は滋賀県勢として春夏通じて初となる決勝進出を果たした。勝ち上がるにつれて実力以上の力を発揮するナインの姿を見て、「甲子園が選手を育ててくれている」と聖地の偉大さを改めて実感した。

いま現在、県内の有力中学生の多くは、近畿圏の強豪私学を中心に、全国各地に流れている。有力中学生の県外流出を止めるためには、本校がもっと魅力的な学校になることはもちろんだが、滋賀県全体のレベルアップが必要不可欠である。今、近江が「令和における甲子園最多勝利」を記録しているのは、滋賀県の全体的な野球レベルが上がり、必然的に本校も地力を付けることができたからに他ならない。

私が1983年にコーチとして赴任した頃の近江は、2年前（1981年）に甲子園初出場を果たしており、良い選手が集まっていてそれなりにチーム力もあった。毎日夜遅くまでものすごい練習量で、選手たちは歯を食いしばり厳しい指導に必死で付いてきていた。しかし、本来なら常勝チームになってもおかしくないだけの力がありながら、なかなか思うような好結果にはつながらなかった。

当時の私は何も知らず若かったため、甲子園に行くにはこれくらい厳しい練習を課さなければいけないんだと思ったのと同時に、私自身カルチャーショックで圧倒されていたように思う。だが、選手たちは過酷な日々の中で悪循環に陥り、もがき苦しんでいた。そんな状態であるから、肝心の夏の大会ではチームに勝ち上がるだけの勢いが生まれなかったのだと思う。

のちになって気づいたことだが、上から押し付けるだけのやり方では、選手たちは心からがんばろうとはしないし、チームの力も伸びていかない。「付いてこれない者は去れ」ではなく、卒業までの3年間、選手一人ひとりの面倒を見ることが大切なのだ。かつ、集大成である夏の大会前に、3年生を中心にチームが火の玉軍団に変貌を遂げる過程こそが高校野球の真髄なのである。こうして、自分自身が現役だった頃の苦い経験も踏まえ、私は〝選手第一（ファースト）〟の指導を心掛けるようになっていった。

高校野球の指導に携わって40年。近年感じるのは、選手が主体的に考えて野球や日々の練習に取り組むことの重要性だ。「自分は甲子園で、こういう野球がしたい」「それをみんなに浸透させるんだ」という強い意志を持った選手が集団を引っ張っている時のチームは強い。

そんな精神的支柱のような存在が近江にはかつて何人かいて、それがチームとしての歴史を作り、100回大会以降の甲子園での好結果へとつながっているように思う。

チームを強くする上で、野球の技術、体力のレベルアップは必須であるが、それと同じくらい、いやそれ以上に選手各々の人間性を磨き、チームの一体感を高めていくことが重要だといえよう。指導者としての経験を積めば積むほど、私はその思いを強くしている。

振り返れば、私の人生は失敗の連続であった。でも、誰よりも失敗を経験してきたからこそ、多くの「成長するための学び」を得ることができた。「令和における甲子園最多勝利」の我がチームも、一朝一夕に強くなったわけではない。そこには多くの敗戦、多くの選手の涙、私自身の多くの失敗があった。

そして、野球を通じてかけがえのない恩師、先輩、スタッフ、友人、家族に支えられ助けられながら、そのおかげで何とかやってくることができた。本書を読めば、今の近江野球がどのようにして作られていったのか。それをきっとご理解いただけると思う。

# 目次

第2章

# 生い立ちと今、監督兼副校長として

## 第3章 チームを一体化するための多賀流指導論

## 第4章 好投手の条件 真のエースとは

## 第6章 滋賀県勢初の全国制覇を目指して

# 第1章

# 近江はいかにして常勝軍団となったのか

## 1983年にコーチとして近江に赴任

### 当時の部活はスパルタ全盛

私は、1983年に社会科の教諭として近江高校に赴任した。後で詳しく述べるが、近江の所在地である彦根市は私の生まれ故郷でもある。大学まで野球を続けていた私は、近江に着任すると同時に野球部のコーチもするようになった。

私が来る2年前の1981年に、近江は夏の滋賀大会を制して甲子園初出場を果たしていた（エース金村義明擁する報徳学園が優勝した大会）。当時の指揮官だった田中鉄也監督は、法政大OBで元読売ジャイアンツの江川卓投手と同期だった。野球の基本を徹底して叩き込む指導で、田中監督は20代中盤の若さにも関わらず近江を甲子園に導き、本校野球部の歴史に華々しい第一歩を記した。

私が着任した時、田中監督は20代後半で私は大学を卒業したばかりと、まさに血気盛んな年齢。監督以下、5名ほどいた私たち指導陣は、毎日22時頃まで選手たちの練習に付き合った。監督と私は、寮で選手たちと一緒に生活していた。毎晩23時過ぎ、佐々木信也さんが司会をする『プロ野球ニュース』を見ながら、監督・選手とともに遅い夕食を取る。食事が終わるのは日付が変わることもしばしばあり、私は週に18時間の授業を受け持っていたので、1日に4時限の授業がある時などは本当に大変だった。若さと勢いがあったから、あのようなハードワークを何とかこなすことができたが、当時はこんな毎日を送っていくことが可能なのだろうかというのが正直な気持ちだった。この3年余りは本当に強烈な日々だったが、その経験が今の指導において糧になっている部分もある。

みなさんご存じのように、当時の日本のスポーツ界は〝スパルタ全盛〟の時代といっても過言ではない。練習はきつく、指導者は厳しい。そのような日々が延々と続くのだから、当時の選手たちは本当に大変だったと思う。今、私が〝選手ファースト〟の指導を心掛けているのは、この頃の指導を反省してのものだ。そのことに関しては、本書の中でおいおい述べていきたい。

私が高校にやってきた時、近江は甲子園初出場から2年が経過しており、その後一度も聖地の土を踏むことができずにいた。練習が厳しくとも、甲子園に毎年コンスタントに出場できていれば選手たちのモチベーションも保たれるのだろうが、当時の本校はそのような状況にはなかった。

勝てないのに、練習だけはどこよりも厳しい。これでは、選手たちの心も離れていって当然である。当時の近江は、そんな悪循環に陥っていた。本来なら早い段階で、コーチである私が選手側の心の内に寄り添い、適切な対応ができていればその悪循環は回避できていたと強く後悔している。

案の定というべきか、翌1984年の夏も3回戦で敗退。その後はしばらくの間、大会で3回戦に進むことすらできなくなった。

夏の大会は、3年生にとって最後の大会である。チームが強い、弱い関係なく、負ければ3年生たちは涙を流す。当時のうちの選手たちも、真剣に野球に取り組んでいた子や必死にがんばっていた子は試合に敗れて悲しんでいたが、「やっと苦しい練習から解放される」と安堵した表情を見せる選手も少なからずいた。1・2年生たちに至っては、3年生が引退すれば、次は自分たちに厳しい練習が課せられる。そこから逃れるため、夏の大会終了直後に1・2年生が脱走するのが半ば毎年の恒例行事のようになっていた。

今となれば、当時の選手たちに対して「申し訳なかった」という思いでいっぱいである。でも、あの頃の苦い経験があったからこそ、私は「このままではいけない」「もっと選手を第一に考えた指導、チーム運営をしていかなければならない」と気づくことができた。今の近江の強さがあるのは、あの当時歯を食いしばって野球を続けてくれた選手たちがいたからこそだ。それだけは間違いない。

## 監督の指導が変われば、チームも変わる

### 就任直後に決勝進出

近江に着任して6年目となる1988年、秋から私は部長の立場としてチームを見るようになった。先に述べたように、当時の私はそれまでのやり方を改めなければいけないと痛感していた。学校の理事長、校長も私と同様の考え方だった。そして翌1989年の4月、私は正式に監督に就任した。

就任した1989年は、私が30歳を迎える年だった。詳しくは後述するが、その年の夏に本校はまさかの決勝進出を果たした（残念ながら、前年の覇者である八幡商に惜しくも4－5で敗れたのだが）。決勝戦後、校長から「チームをよく決勝まで連れて行ってくれ

た」と労いの言葉をいただいたことをよく覚えている。

言うまでもなく、高校野球の主役は選手たちである。強豪と呼ばれる存在になると監督もクローズアップされることがあるが、一番大切にしないといけないのは選手たちの存在に他ならない。

勝ちを求めすぎると、「選手が一番」ではなく「勝つことが一番」の勝利至上主義となってしまう。そして、勝利至上主義の一方通行の指導では、選手たちは誰も付いてきてはくれない。私は厳しい時代を経験したことで、それを痛いほど理解していた。もちろん、ここで「〝選手第一〟の指導にしたから決勝に行けた」などと大言壮語するつもりなどまったくない。決勝まで進めたのは、ひとえに選手たちのがんばりのおかげだが、指導者の姿勢が変われば、チームは着実にいい方向に変化して結果も付いてくる。

監督の指導が変われば、チームも変わる。そう考えると、高校野球において監督が重要視しなければならないのは「選手の心のコントロール」を求める以上に、「監督である己の心のコントロール」。つまり、常に謙虚であれと己を戒めることであろう。

## 野球部の歴史と滋賀県勢力図の変遷

本校は、1938年に近江実修工業高校として創立された。その後、野球部が創部されたのは、定時制から全日制へと移行した1957年のことである。

創部間もない1961年、本校は夏の滋賀大会で念願の初優勝を果たす。しかし、当時は現在のような各都道府県から1校が出場するシステムではなく、滋賀大会の後に甲子園出場をかけて京都大会の優勝校と戦わなければならなかった。当時のチームはこの決定戦で京都の山城高校に2－3で敗れ、甲子園出場をすんでのところで逃していた。

先に述べた通り、近江が念願の甲子園初出場を果たしたのは、1961年から20年を経た1981年のことである。甲子園では、1回戦で山形の鶴商学園（現鶴岡東）を4－3で下して甲子園初勝利を挙げた（続く2回戦では和歌山工業に0－2で敗戦）。以降、私が監督として初めて甲子園出場を果たした1992年まで、近江は10年以上に渡って甲子園から遠ざかる。

私が監督に就任した1989年当時の滋賀は、「八幡商一強時代」と言っていい。そして、八幡商の黄金期を作り上げたのが、1984年に長浜高校（現在は長浜北と統合）を初めて甲子園に導いた林勝監督である。

林監督は1987年に八幡商に異動すると、翌1988年夏にすぐさま滋賀を制覇。そこから私が1992年に初優勝するまでの間、夏の滋賀大会4連覇を達成していた。林監督には、数多くの敗戦から多くを学ばせていただいた。今の近江野球のベースを作ってくれたのは、紛れもなく好敵手・八幡商の存在があったからだ。

当時、一強の八幡商を追っていたのが、比叡山や近江であり、近江兄弟社も力を伸ばしてきていた。先に述べたように、私は監督に就任してすぐの夏の大会で決勝まで進むことができたのだが、対戦した八幡商はこの時の勝利によって「夏2連覇」を達成した。八幡商はその後、連覇の数字を「4」まで伸ばした。そして迎えた1992年、私たち近江が八幡商の5連覇を阻止して、創部以来2度目となる甲子園出場を決めたのである。

監督就任4年目で優勝に辿り着いたことは、傍から見れば順調に成績を伸ばしていったかのように映るかもしれない。でも、優勝に至るまでの3年間、私たちは八幡商との直接対決においてすべて敗れ去っていた。1年目は決勝で、2年目は3回戦で、3年目は準決勝で敗退。そして4度目の正直で、やっと私たちは八幡商の壁を越えることができたのだ。

思い出深いのは、監督として初めて八幡商と対峙した1989年の決勝戦である。この試合を落とした悔しさが、その後の私の原動力となった。30年以上、監督を続けてくることができたのも、この敗戦があったからだ。

実はこの決勝戦、私たちは5回終了時点で4－0と試合を優位に進めていた。監督就任1年目、29歳の私はグラウンド整備の様子を見ながら「5回終わって4点差。うちのピッチャーの調子もいい。この試合、もらった」と思っていた。そして「甲子園の登録人数は3人減るから（当時、滋賀県大会は18人、甲子園は15人だった）、誰を外そうか？」などと考えていた。「捕らぬ狸の皮算用」とは、まさにこのことである。私の頭の中は、「3人誰を外すのか？」という思いに占められていた。そんなことを考えるのはゲームセットの後でいいのに、どうしても頭の中を駆け回るのだ。今になって言えることだが、勝てば一番辛い苦渋の決断をしなければならないし、負ければ選手に一番辛い思いをさせる日が決勝だと痛感したものである。

案の定というべきか、6回表に八幡商の攻撃で3点を入れられ、4－3の1点差に詰め寄られた。相手のピッチャーも右から左に代わり、私たちはそのサウスポーを攻略できずにいた。8回裏、八幡商の攻撃。先頭の4番打者にヒット、続く5番に2ベースを打たれてノーアウト、ランナー二・三塁。終盤に1点リードで最大のピンチを迎えたこの場面、2点は仕方ないと思ったがエースの意地で6番、7番を連続三振に打ち取り、2アウト、ランナー二・三塁となった。この試合最大の山場であったが、私は「8番を歩かせて9番と勝負」という伝令を送ることができなかった。必死でピンチを切り抜けようとしているバッテリーに、自分たちの頭でそこまで考える余裕はない。ましてや、連続三振を奪ってツーアウトになったのだから、次の8番で勝負しようと思うのが当然である。

しかし、この時の私には「9番と勝負」という考えが浮かばなかった。連続三振に取った勢いで、8番もきっと抑えてくれるだろうと投手に託したのであるが、初球を痛打されて（レフト線に2ベース）4－5と試合を引っくり返され万事休す。私の浮ついた気持ち、油断が招いた判断ミスであり、非常に悔しい敗戦だった。敗因は、冷静になって大局的に試合を捉えられなかった私の采配ミスである。

あれから33年。私は夏の大会を迎えるたび、プレイボールからゲームセットまで目の前の状況に一喜一憂し、勝たせてやることができなかった最初の決勝戦を思い出す。だから、今ではどんな状況になっても油断することはないし、逆にどんなにリードされていても諦めることはない。勝利の女神はゲームセットになるまで、どちらに微笑むかわからないものなのだ。

令和になってから、滋賀の夏の大会は幸いにも本校が連続優勝を遂げている（コロナ禍によって甲子園が中止になった2020年の独自大会も優勝）。しかし、近年着実に力を伸ばしている彦根総合、滋賀学園、立命館守山といった強豪校が、虎視眈々と「打倒近江」を狙っている。2022年の秋季大会でも、私たちは3回戦で彦根東に2－6で敗れた。1989年の決勝戦以来、どの大会、どの試合でも私は気を抜いたことはないが、これから先はより一層気の抜けない戦いが続いていくのだと覚悟している。

## 監督就任4年目で甲子園
## 「耐えて勝つ」が代名詞「近江野球」の原点

1989年の決勝で八幡商に敗れた後も、私たちは1991年夏まで3年連続で八幡商の前に屈することになった。

チームとしての総合力は間違いなく上がってきているのに、なぜか八幡商にだけは勝てない。1991年の夏は準決勝で八幡商に敗れたが、その試合ではうちの2年生バッテリー（ピッチャー・長谷川智一、キャッチャー・宝藤隼人）が相手から13三振を奪いながらも3－5で負けた。雨によって試合が2度も中断するという（しかもなぜか私たちが守備のイニングに雨が降ってきた）長く、苦しい試合だった。だが翌夏、この悔しさを2年生バッテリーが晴らしてくれることになる。

立ち上がった新チームでは、キャッチャーの宝藤がキャプテンとなった。バッテリーが主体となり「来年こそ八幡商に勝って甲子園へ」と目標を掲げたものの、なんと続く秋の大会では1回戦負け。さらに、翌年の春の大会でも私たちは3回戦で敗退となり、夏の大会のシード権を得ることすらできなかった。

実力があるのに勝てない……。夏へのプレッシャーが、選手たちを萎縮させてしまったのか……。秋も春も、非常に運のない僅差の負け方だった。ただ「このチームで勝てなければ、俺は甲子園には行くことができない」と大会前に最終メンバーを決定した時、密かに思ったことを鮮明に覚えている。

そして迎えた1992年の夏。北大津高校との1回戦で4－2の逆転勝利を収めると、そこからエース・長谷川とともに2年生の鈴居高広が力を付けていて、決勝までの6試合を交互に先発させた。勢いに乗って2回戦以降は無失点試合を続け、準決勝でついに目標としていた八幡商と戦うことになった。

1回戦の逆転勝ちからこの準決勝まで、チームは長谷川―宝藤バッテリーの強力な求心力で、勝ち上がるごとに凄まじい勢いを蓄えていき、全員がチームの勝利のために全力集中していた。この「全員が」が、本当にすごいと思った。登録外の選手たちも、必死でチームを盛り上げようとしてくれていたのだ。

準決勝前日の生き生きとして白熱した練習を眺めながら、私が「ほんまに、すごいチームになったなぁ。明日負けても全然OKやなぁ」と伊東洋部長に言うと、「先生、今こうしてここにいられることが幸せです。やりますよ！　こいつら！」「わからんけど、こんなチームは二度とお目にかかれんやろうなぁ。甲子園に行ってほしいなぁ」「控えの3年生が、なんであそこまでの思いになれるのか。ぼくは控えでしたから、よくわかるんですよ。宝藤の力ですね」。この伊東部長の言葉を聞いて、堪えていた涙がどっと溢れた。

準決勝の八幡商戦の先発は、もちろんエース・長谷川である。長谷川はみんなの期待に応え、気迫溢れる最高のピッチングを見せて、八幡商を相手に投球数92、3球ほどで2安打完封。私が監督となってから、初めて八幡商に勝った瞬間だった。

試合後、八幡商の林監督は「近江に負けたのではなく、バッテリーにやられた」とマスコミのインタビューで語っておられたようだ。

続く決勝戦では2本柱のもうひとり、鈴居が比叡山を1失点に抑えて4−1で勝利。この時の比叡山は、春の近畿大会でも準優勝を果たしており、優勝候補に挙げられていた。そんな実力校を破って、私たちは11年ぶりの甲子園出場を決めたのである。この時、私は本当に心の底から嬉しかった。

大黒柱の長谷川、キャプテンでありキャッチャーの宝藤、このふたりがチームを牽引して、甲子園の扉をこじ開けてくれた。この大会では、長谷川とともに2年生の鈴居が素晴らしいピッチングを見せてくれたが、ふたりは1回戦から決勝戦の途中まで43イニング無失点という記録を作った（この記録は今でも滋賀の夏の大会の記録として残っている）。

エースの長谷川はもちろん、キャッチャーの宝藤が親分肌の強烈なキャプテンシーを発揮して選手たちを引っ張り、素晴らしいチームを作り上げてくれた。彼らには、本当に感謝しかない。このチームこそが私の理想とする「高校野球の原点」「近江野球の原点」だと断言できる。

近年の甲子園での活躍などもあって、「近江は打のチーム」と言われたりするが、近江は「守り勝つ野球」をベースにしている。守備力、投手力を軸として、機動力を用いて少ないチャンスを生かす。そして、最少得点で守り勝つ。つまり、1－0で勝つのが私の理想とする野球であり、この時のチームはまさに耐えて勝つともいえるチームだった。ちなみに、この時のチーム打率は1割9分1厘。チーム打率が2割を切るチームが、甲子園に出たなどという話を私は聞いたことがない。

初めて行った甲子園では、開会式前日のリハーサルの時に、ライトのゲートから出てくる選手たちをスタンドから見ていて「この子たちと一緒に甲子園に来ることができたんや」と実感して、ここでも思わず泣いてしまった。

多くの苦難を乗り越えて、私たちは近江2度目となる甲子園に辿り着いた。何度も言うが、このチームこそ「近江野球の原点」であり、今でもこの時のようなチームを目指すべくチーム作りを行っている。決して強いとは言えなかったチームで甲子園に出場できたことが、のちの私の監督人生にも大きく影響している。

「1回は甲子園に行けたらいいな」という思いで監督業を始めたものの、実際に甲子園の土を踏んでその素晴らしさを実感すると、「また甲子園に行きたい」と思う。これは、甲子園を経験した監督さんなら誰もが思うはずだ。そして、これがいわゆる「甲子園病」というものなのだろう。何度出場しても、「慣れる」ということが決してない場所。それが聖地・甲子園であり、私も甲子園に出るたび「これが最後かもわからん」と初心に返って戦っている。

## 近江の原点を作った名バッテリー

1992年の優勝は、前年の夏の大会・準決勝で負けた悔しさを長谷川―宝藤のバッテリーが見事に晴らしてくれた。

この優勝はチームが一丸となって摑んだものだが、そんな中でも一番の立役者を挙げるとすれば、キャプテンの宝藤隼人をおいて他にはいないだろう。

私が監督となってから33年。その間いろいろなキャプテンを見てきたが、彼ほど男気があって親分肌の選手はいなかった。宝藤は下級生時代から上級生たちとともに戦い、近江に何が足りないのかを理解していた。そして、チーム力を高めるには、まずは自分が率先して日々の練習に取り組んでいかなければならないということもわかっていた。彼は持ち前のリーダーシップをいかんなく発揮して、自分の背中を見せることで他の選手たちを引っ張っていってくれた。「勝つために、チームのために自分を律する」。宝藤はそれができるキャプテンだった。

彼が入学して2ヶ月が経とうかというある日、野球部の回覧日誌に「今、毎日が本当に楽しい。好きな野球が思う存分できる。指導者がいつもいてくれて、どうすればうまくなるかもどんどんわかってきている。中学ではキャプテンをしていて、自分でメニューを考えて我流でやっていたので、今が本当に幸せだ」といった言葉が、大人びた字で書かれていた。その日誌を私の母親に見せたら「この子は一体どういう子？ 字といい、内容といいすごいね」と非常に驚き、涙を浮かべて感心しながら何度も見ていたのをはっきり覚えている。宝藤のキャプテンとしての素地が、こんなところにも見てとれた。

エースの長谷川智一も、普段の練習に取り組む姿勢からして素晴らしかった。近江名物のランメニューで「三角ダッシュ」というものがある。これは、ホームベース→ライトのポール→レフトのポール→ホームベースをダッシュで1周するメニューである（1周約300m）。そして、1周1分以内を目標に9周走る。1周の平均タイムは50～55秒なのだが、長谷川はいつも42～43秒で帰ってきた。しかも、どれだけ走っても平気な顔をしている。彼は卒業後には亜細亜大学に進学して野球を続けた。亜細亜大といえば練習がきついことで有名だが、大学卒業後に顔を見せてくれた際「近江で鍛えられたので、大学の練習をきついと思ったことは一度もありません」と話してくれた。彼のひたむきに練習する姿は、同級生のみならず下級生たちにもいい影響を与えてくれた。

夏の大会直前は調整期間となり、練習も2時間程度で終わる。だが、宝藤は練習終了後、私が帰宅したのを見計らって、主要メンバーだけを集め「敵は八幡商や！」と練習していたという。宝藤と長谷川が私たちを甲子園に連れて行ってくれたのも大きな功績だが、それ以上に下の世代に良いものを残してくれたのが最大の功績である。

私は選手たちに、「キャプテンはチームの誰よりも努力をして、他の選手に認められる存在にならなければならない」「エースとは、練習に取り組む姿勢、日々の生活態度すべてにおいて他の模範となるような選手でなければならない。他の選手から〝こいつのために打って（守って）やろう〟〝こいつで打たれて負けたのならしょうがない〟と思ってもらえるのが真のエースだ」とよく話す。そしてその裏には、近江野球の原点となった宝藤と長谷川の姿がある。

2021年夏のベスト4のキャプテン春山陽生しかり、2022年センバツ準優勝、夏ベスト4と甲子園で躍進できたのは山田陽翔がキャプテン、エース、4番として大車輪の活躍を見せてくれたからである。宝藤や長谷川もそうだったが、人間力のある選手には、3つの共通点があると思う。

① 陰での地道な努力を継続することがチームの勝利につながると信じている
② 普段も試合でも逆境やピンチの時、表に立って仲間を引っ張る求心力がある
③ 格上のチームとの対戦で、気持ちで負けない精神的パワーを発揮する

大会を勝ち上がっていくには、このような選手の存在が必要不可欠なのだ。

## 「三本の矢」で甲子園の決勝へ

### 2001年夏の快進撃

2001年の夏、私は自身6度目（近江としては7度目）の甲子園に出場した。そして私たちは、滋賀県勢として初の決勝進出を果たした。この時、近江の快進撃を支えたのが「3本の矢」とマスコミから評された継投策だった。

同年の春の大会で私たちは八幡商と決勝を戦い、7－8で敗れていた。優勝した八幡商はそのまま近畿大会に進んでベスト4。夏も八幡商が我々の前に立ちはだかることは、容易に想像ができた。

春の決勝で八幡商に負けた次の日から2日間、私は3年生だけでミーティングをさせた。なぜ負けたのか。「守備」と「攻撃」、ふたつの面で自分たちに足りないものは何なのか。それを、しっかり考えてほしかったからである。そして彼らは、非常に内容の濃いミーティングをしてくれた。

一方で私も、夏に勝つためにはどうしたらいいのかを徹底的に考えていた。当時のうちのチームには、圧倒的な大エースはいなかった。軸となれそうな左腕の島脇信也（元オリックス・ブルーウェーブ）はいたが、完投するには肘に不安があった。八幡商を倒すには、うちの投手陣をうまくやりくりして戦っていくしかない。そこで、あとふたりの力のあるピッチャー、竹内和也（元西武ライオンズ）と清水信之介を加えた3人による継投策で戦っていくことにしたのである。

継投策の狙いは、ゲームが佳境を迎える中盤から後半に、一番力のある島脇を投げさせることにあった。そこで先発・竹内、相手打線が3巡目、4巡目に入るところで島脇、そして最後の9回を清水で締めるという配置を考えた。この考えを選手たちに伝えたのが5月下旬。6月頭から、練習試合ではすべてこの順番の継投で戦った。

「打倒八幡商」を掲げ、私たちは準備万端で夏の大会に臨んだ。ところが、なんとその八幡商が1回戦で負けてしまった。しかし、私は大会前に考えた継投策をこの大会でも貫いた。そして、この継投策が想像以上にうまくはまった。結果、私たちは「3本の矢」の活躍もあって、3年ぶり6度目の甲子園出場を果たしたのである。

その当時、滋賀県勢は夏の甲子園でことごとく初戦で敗れていた。大会前、スポーツ新聞には「滋賀県勢、夏の甲子園で現在初戦6連敗中」などと書かれる始末。私自身も、それまでの甲子園出場で勝ったのは、1994年夏に1勝したのみだった。甲子園で戦えるのはある意味ご褒美だと思っていたが、そんな悠長なことを言っていられる状況でもなかった。県大会を勝ち抜いてほっとする間もなく、「何とかして甲子園の初戦を突破しなければ」と新たなプレッシャーに苛まれることになった。

是が非でも初戦に勝ちたい。そのためにはどうしたらいいのか？　甲子園でどう戦ったらいいのか？　こうするべきか？　ああするべきか？　初戦を迎える前日まで、私は悩みに悩んだ。そして、私は抑えとして起用していた島脇を、初戦で先発させる策を思いついた。相手チームは、きっと私たちが「3本の矢」で来ると考えているに違いない。だから、その裏をかいて島脇を先発させて相手の出鼻をくじく。私の気持ちは「先発・島脇」で8割方決まっていた。

初戦前日に、社会人野球でプレーしていた教え子の中尾周作（神戸製鋼のプレーイングコーチ）が宿舎に激励に訪れた。すると、中尾は「先生、このチームは強いですよ。継投策が素晴らしく、ピッチャーもその起用に見事に応えている。都市対抗野球の本戦では、相手チームのデータを重視するあまり、相手を意識しすぎて負けることがあります。予選を勝ち抜いてきた自分たちの戦い方を本戦でも貫けばいいのに、勝ちを意識しすぎることで自分たちのスタイルを変えてしまうのはどうかと思うんです。だから、県大会でやってきた近江の継投策を、ぜひ甲子園でもやってください」と進言してくれた。

教え子からの助言で、私は我に返った。目の前の勝ちを欲するあまり、私は大切なものを見失うところだった。「先発・島脇」に8割方傾いていた私だったが、中尾からの助言によって、今まで通り自分たちの戦い方をしよう、それで負けたのなら仕方ないという思いに至った。それに何より、選手たちも初戦は何としても勝ちたいという思いでいる。緊張もするし、プレッシャーもあるだろう。私は、その夜のミーティングで選手たちに「明日の初戦は、滋賀大会決勝の布陣で行く。継投も同じ順番でつなぐ。場所は甲子園という舞台に変わるが、後は何も変えない」と話した。この言葉で、いかに彼らに安心感を与えることができたか。すべては中尾の助言のおかげである。

その結果、私たちは初戦（2回戦）の盛岡大附属戦で勝利を収め、「滋賀県勢は初戦に勝てない」という汚名を返上した。そしてその後も勝ち進み、決勝で日大三に2－5で敗れたものの、滋賀県勢として初の決勝進出を果たすことができた。今となっては、初戦前日に金言を与えてくれた中尾に感謝するばかりである。

## 4人の継投で甲子園8強に
### 智辯和歌山に打ち勝った思い出の100回大会

2018年夏の甲子園は、記念すべき「第100回大会」だった。その前年の夏の県大会では、私たちはエース・増居翔太（トヨタ自動車）を擁する彦根東に決勝で破れたため、甲子園には出場できなかった。だがそれ以上に、彦根東に決勝で完膚なきまでの敗北を喫し、しかも増居投手が2年生であったことも新チームに危機感を持たせた。のちのち大きな意味を持つ、ターニングポイントとなった敗戦である。

秋をどう戦い、彦根東の増居投手をどう攻略するかが喫緊の課題であった。チーム全員で「打倒彦根東」を掲げた近江は、秋の滋賀大会を制して近畿大会に出場。彦根東は準決勝で比叡山に敗れたため、私たちと対戦することはなかった。すると、何という因縁か。近畿大会の準々決勝で、滋賀県3位の彦根東と対戦することになったのである。

滋賀県のチーム同士が、近畿大会の準々決勝で対戦するなどありえないことである。

「勝てばセンバツ確定、負ければ出られない」と選手たちには伝えた。1点差の痺れるゲームであったが、彦根東に2度負けるわけにはいかないと選手たちは意地を見せてくれた。もしこの試合に負けていれば、100回の夏どころか4大会連続の夏も果たしてあったかどうか。これは、長く監督をやらせていただいている私にしか言えないことだと思う。

結果的に、翌年の第90回センバツには近江、彦根東、膳所高校と滋賀から史上初の3校が出場することになった。

このセンバツで活躍したのが、ふたりの左腕（エース・金城登耶と2年生・林優樹）と捕手の有馬諒（関西大学）である。林が先発し、エースの金城が抑えるという継投策で3回戦まで駒を進めた。そして、目標としていた夏の大会では、台頭してきた本格派右腕の佐合大輔を投手陣に加えた。私たちは左→右→左の継投策で勝ち上がり、記念すべき甲子園100回大会への切符を手にしたのである。

抽選の結果、初戦の相手はセンバツ準優勝の智辯和歌山に決まった。相手は優勝候補とはいえ、接戦となるようないい試合はしたい。しかし、強打の智辯和歌山に正攻法で挑んでも、接戦に持ち込むのは難しいだろう。そこで、私は奇策を打って出ることにした。滋賀大会で1回しか投げていない右サイドハンドの松岡裕樹を、先発させることにしたのである。

松岡の先発は、一か八かの賭けだった。だが、強打を誇る智辯和歌山を相手に、県大会と同じ3人の継投ではしのげないと思った。そこでもう1枚、サイドから140キロのストレートを投じる松岡を継投に加えることにしたのだ。他の3人より経験不足の松岡を、継投策に入れ込むとしたら先発しかない。智辯和歌山の髙嶋仁監督は、きっと「先発は林」と思っているはずだ。髙嶋監督の裏をかく意味でも、先発は松岡しかいなかった。大きな賭けであることは間違いないが、責任はすべて背負う覚悟だった。

結果、松岡は2回を投げて2失点。2回にスクイズとタイムリーで2点を取られたが、私の中では2失点は想定内であり、松岡は私の期待に見事に応えてくれた。

そこからの継投は予定通り、林、佐合、金城でつないだ。そして投手陣のがんばりに打線が呼応する。4回に4番の北村恵吾が同点となる2ランホームランを打ち、さらに8回にも彼はダメ押しとなる2ランホームランをレフトスタンドに放り込んだ。打った瞬間に柵越えとわかる凄まじい当たりだった。北村は県大会では1本もホームランを打っていないのに、甲子園の大事な初戦で2本もホームランを打ってくれた。彼はこの試合で、一躍脚光を浴びる存在となった。

この北村の2本のホームランの陰には、彼の4番としての覚悟と弛まぬ努力があった。私は北村を入学時から4番に据え、1年時の第98回の夏は甲子園に4番として出場したものの、2年時は腰痛が悪化して夏の滋賀大会では4番を打たせることができなかった。スタンドから増居投手の快投を目の当たりにし、その存在自体が彼のその後に大きな影響を与えたことは言うまでもない。私は増居対策で、大会前も大学生の左投手に投げてもらって北村に自信を付けさせた。結果的には増居投手と対戦することはなかったが、投手におんぶに抱っこだった打線が、智辯和歌山線で溜まりに溜まった底力を一気に爆発させたのだと思う。

実は滋賀大会で優勝した直後、髙嶋監督から「優勝おめでとう。甲子園で当たらんことを祈ってるよ」と電話があったのだが、その時「近江にはええピッチャーがおるし、4番もええよなー」と、すでに北村の才能を高く評価されていた。さすが、高校球界を代表する名将である。その眼力は、私などがとても及ぶところではない。名将の名将たるゆえんがここにある。

継投策がうまくはまり、私たちは7－3で1回戦を突破した。打線が予想以上に機能してくれたこともあって、〝打〟の智辯和歌山のお株を奪う内容で勝利することができたのである。

## みなさんの記憶に残るような試合をしよう

### 智辯和歌山戦から学んだこと

甲子園に乗り込む前、私は選手たちに「100回の記念大会だから、高校野球ファンのみなさんの記憶に残るような試合をしよう」と話した。それまで、近江が全国のファンのみなさんの記憶に残った試合といえば、前項で述べた2001年の準優勝の時くらいのものである。勝ち負け関係なく、どっちに転ぶかわからない、ファンのみなさんが手に汗握る接戦を演じたい。私は本当にそう思っていた。

だから、初戦が智辯和歌山と決まった時も、先述したように私は勝てるとは思っていなかった。いい試合ができれば御の字。終盤、うちは5点差で勝っていたが、最終回に追い上げを食らい「逆転負けするんじゃないか?」と感じる瞬間もあった。9回裏、智辯和歌山の攻撃中、私はベンチにいる選手たちに「負けたとしても語り継がれる試合になるから、それならそれでええやないか」と声を掛けた。昔の私だったら、絶対にこんなことは言わなかった。

年のせいもあるのだろう。最近は勝ち負けより、「いい試合をしよう」と思うようになった。だから、普段から「甲子園球場で、どんな選手でありたいのか。どんなプレーをしたいのか。常にそのイメージを心に持って取り組もう！」と徹底している。近年、近江が甲子園で好成績を収めている要因のひとつに、甲子園でのプレーを純粋に心から楽しんでいることがあるように思う。まわりのみなさんからは、選手の笑顔がいいとよく言われる。これは、夢舞台である甲子園でエンジョイベースボールを実践することが、グラウンドに立てない仲間への恩返しという信頼の絆があるのだと思う。「みんなはひとりのために、ひとりはチームの勝利のために」。これが彼らの合言葉である。

智辯和歌山戦では私の奇策が功を奏したが、実は裏話がある。この年の春、それまで私と二人三脚で野球部を運営してきた伊東部長が教頭職に就くにあたり、部長を退任することになって、新たに私の教え子である武田弘和コーチが部長になった。私と伊東前部長とは付き合いも長く、何でも言い合える無二のパートナーである。智辯和歌山に勝利した後、伊東前部長から「私の考えでは、松岡の先発はありえなかった。私がまだ部長だったら、体を張ってでも松岡先発を阻止したと思います」と言われた。伊東前部長がそう思うくらい、私が用いた奇策は突拍子もないものだったのだ（伊東前部長に関しては第2章で詳しく触れたい）。

余談だが、この智辯和歌山戦の前まで、私はベンチの中央で髙嶋監督を真似て仁王立ちしていた。だが、智辯和歌山と直接対決することになり、ベンチの中央で仁王立ちしているのは髙嶋監督に対して失礼にあたるように感じた。そこで、私は智辯和歌山戦ではベンチの端で指揮を執ることにした。瞬間的な思いつきで変えたことではあるが、智辯和歌山戦に勝利して以来、私のいる位置はずっとベンチの端のままである。

こうして、私たちは2018年の100回大会でベスト8入りを果たした。しかし、2001年の準優勝以降コンスタントに甲子園には出ているものの、準々決勝まで行けたのは2003年のセンバツ以来、実に15年ぶりのことだった。

結果を求めず、過程を重視し「いい試合をしよう」とまずは考える。甲子園で勝ち上がっていくための心構えを、私は100回大会の智辯和歌山戦から学んだような気がする。

## 「まるでマンガ」のようだった金足農業

### 夏の大会は〝3年生力〟がモノを言う

2018年の夏の甲子園。私たちは1回戦で智辯和歌山から大勝利を収め、ここから快進撃によってベスト8まで上り詰めた。

2回戦の前橋育英戦はキャッチャー・有馬諒のサヨナラヒット、3回戦の常葉大菊川戦では先発した2年・林優樹による8イニング1失点の好投があり、準々決勝に駒を進めた。

1回戦の智辯和歌山含め、対戦した3校とも平成になってから甲子園で優勝経験のある超強豪校である。どの試合も挑戦者の気持ちで臨んだのが、好結果につながったのかもしれない。

ただ、準々決勝の金足農業だけは、それまでと勝手が違った。金足農業はエースの吉田輝星投手（北海道日本ハムファイターズ）を筆頭に、県大会から甲子園の準々決勝に至るまでレギュラーメンバーがまったく変わらず勝ち上がってきていた。私も長く高校野球の監督を続けているが、夏の大会を予選から不動のメンバーで戦い続けるという、「まるでマンガ」のようなチームはこれまでに見たことがない。

金足農業は公立校として快進撃を続け、吉田投手の熱投もあって全国の高校野球ファンの心を摑んでいた。準々決勝は甲子園全体がアウェイの雰囲気になると覚悟していたが、大観衆の「金足農業びいき」は私の想像をはるかに超えていた。雰囲気は完全アウェイ。相手のレギュラーメンバー9名は、甲子園を味方に付けて乗りに乗っている3年生である。こちらは林と有馬の2年生バッテリーで戦ったが、終盤に甲子園独特の雰囲気にふたりが飲み込まれてしまった。そして9回裏、劇的な2ランスクイズで、私たちはサヨナラ負けを喫することとなった。

高校野球の指導を長年続けてきて、夏の大会は〝3年生力《りょく》〟がモノを言うということを実感している。夏の大会を勝ち上がっていくには、3年生がどれだけ底力を持っているかにかかっている。

近年の近江では、有望な1年生がいれば積極的にスタメンで起用することも多い。実際のところ、期待ばかりを背負ってプレーしてきた3年生の中には、プレッシャーに潰れてしまう選手も少なくない。つまり、プレッシャーをあまり感じることのない、チャレンジ精神の塊である1年生を優先して起用するのだ。

この1年生の起用においては、守備に絶対的な自信を持っている選手をショートで使うケースが多い。夏前から思い切って1年生を起用し、チームに刺激を与えることで本番での好結果につなげようという意図がある。

また逆の見方をすれば、1年生の起用を受け入れることのできる3年生の度量、包容力も重要となってくる。以前の近江には、そういうことを受け入れられない雰囲気もあった。だが、今の近江にはそれがない。「チームのために」という気持ちで、とくに控えの3年生がそれぞれの立場を全うすることでチームがひとつにまとまり、近年の好成績を生んでいるのである。

力のある1年生の存在と、その起用を受け入れる3年生の度量。また、変なプレッシャーを1年生に与えない気づかい。これも、先ほど私が述べた3年生の底力＝〝3年生力〟だといえよう。

いい選手を集めて勝つ。少数精鋭を鍛え上げて勝つ。こういったやり方が、最近の強豪私学の主流となっている。でも、「教育の一環である高校野球」は、勝てばいい、強ければいいというものだけではない。高校野球を通じて、生涯の友を得た。野球がもっと好きになったと言える環境作りが大切であると私は考えている。

では、どのように選手を指導していけばいいのか？　その答えはチームの数だけあり、「これが正解」というものはない。だから私は「高校野球として何が最善なのか？」「近江としてどう戦っていけばいいのか？」を常に考えながら、選手たちを日々指導している。

甲子園を経験したことのある選手であったとしても、その後野球で生計を立てていく人などほとんどいない。高校、大学を卒業した後は、野球以外の職業に就く人のほうが圧倒的に多いだろう。だから、私はチームの全選手に対して「この子を真っ当な社会人にするにはどうしたらいいのか」を第一に考えて接している。「この選手をうまくしたい」「このチームを強くしたい」という思いはもちろんある。しかし、3年生にとって何より大切な夏の甲子園出場を目指す過程において、「最後の夏に何を摑んだか」が重要なのであって、「その経験を次の人生に生かしてほしい」と私は強く願っている。

## 大阪桐蔭に勝った2021年の夏

### 弱かったチームが甲子園でベスト4進出

「信じられない。こんな勝利は後にも先にも初めて。甲子園での試合は練習試合の30試合分ぐらいと思っていたが、今日は100試合分ぐらいの値打ちがある」

これは、2021年夏の甲子園2回戦で近江が大阪桐蔭に6－4で勝利した後、私がマスコミに語った言葉である。

この時のチームは、前年秋に滋賀大会準優勝で近畿大会に進んだものの1回戦負け。年が明け、満を持して迎えた春の大会では上位進出を果たせず、3回戦で立命館守山に敗れた。

春の大会3回戦負けのチームが、夏になぜ「絶対王者」と呼ばれる大阪桐蔭に勝てたのか？　その要因はいくつかある。

春の敗戦からチームを立て直してくれたのは、キャプテン・春山陽生だった。夏の快進撃の要因も春山の存在によるところが非常に大きい。チームを引っ張っていくキャプテンにはふたつのタイプがあって、ひとつは、私を初めて甲子園に連れて行ってくれた1992年時のキャプテンだった宝藤のように、親分肌で「俺が引っ張っていく」というタイプ。もうひとつは根底に優しさがあり、その優しさでチームを包み込むようなタイプ。春山は後者のタイプにあたり、人間的にもみんなから尊敬されていた。この時2年生だった山田も、春山から大きな影響を受けて成長した。

春の敗戦は、立命館守山に2－0で勝っていたのに、8回に一気に3点を失っての逆転負けだった。試合後のミーティングでは、あまりにも不甲斐ない内容に私は「3年生は全員ユニフォームを脱げ」と言ったほどだ。逆転された時、マウンドにいたのは2年生の山田だった。山田は逆転された責任をひとりで背負っていた。

ベンチ内の3年生たちに対して「3年生では夏は勝てん。全員ユニフォームを脱げ」と言ったのは、もちろん本気ではない。でも、3年生に「自分たちには何が足りないのか？」を気づいてほしかった。そして、発憤してほしかったのだ。

キャプテンの春山は、ベンチに入れなかった3年生たちに「負けたのは俺の責任や」と言って土下座をして謝っていた。春のベンチに入る入らないということが、その後の進路にも少なからず影響してくる。そのため私は、勝ち進むごとにベンチ入りメンバーを入れ替えていたのだが、3回戦で負けてしまったからだ。

そんな優しさと責任感を持つ春山というキャプテンがいたからこそ、私は厳しく3年生たちに接することができたのである。

前年の秋に滋賀大会で準優勝だったと述べたが、実はこの大会の決勝戦まで、近江は「県内公式戦34連勝」を記録していた。しかし、決勝戦では滋賀学園に負けて、その連勝記録はストップした。そして、この時もマウンドにいたのは山田だった。山田は前年秋、そして翌春と夏を迎えるまでに2度、悔しい思いをしていた。

また、この春の敗戦を受けて、西濃運輸で社会人野球デビューをしていた林が、母校に激励に来てくれたことがあった。この時の3年生は林が3年生だった時の1年生であり、林は1年生の教育係を務めていた。つまり、林にとってこの時の3年生たちは、可愛い弟分のような存在だった。林は近江のグラウンドに来ると、3年生の主力に対して「お前ら、近畿大会で負けるならまだしも、県大会の3回戦負けなんて、何やっとんねん!」とものすごい勢いで怒った。先輩からの魂のこもった激励に、選手の中には涙を浮かべている者もいた。

私は春の敗戦以降、3年生の中でも主力バッターだった新野翔大とキャッチャーの島滝悠真には、とくに厳しい言葉をかけて圧を与えた。このふたりが奮起してくれなければ、夏の甲子園には絶対に手が届かないと考えていたからである。

春の敗戦後、キャプテンの春山は「6本でやめていた『三角ダッシュ』を9本に増やしたいと思います」と、私に言ってきた。以降、3年生は春山を中心に目の色を変えて練習に取り組むようになった。新野も島滝も、私の厳しい指導に対して気持ちを切らすことなく、必死に食らいついてきてくれた。私は常々「一番バットを振り込んだ人間が近江の4番や」と口にしているのだが、新野は今まで以上にバットを振るようになった。そして、山田も「今度こそは3年生のために」と夏に臨んだ。

結果として、大阪桐蔭戦において新野はソロホームランと同点タイムリーを放ち、島滝は完璧な送球で盗塁を2度も刺して、反撃の流れを断ち切ってくれた。先発の山田は序盤に4失点するものの6回を投げ抜き、後を受けたエース・岩佐直哉が大阪桐蔭打線を無失点に抑える好投を見せた。こうして私たちは大阪桐蔭に勝利したのだが、今でも「絶対王者」に勝てたことが私は信じられない。

春山たちの代は、コロナの影響をもろに受けた学年だ。いろんな学校行事が中止となり、修学旅行にも行けず「夏に甲子園に行けなかったら、何にもない学年やな」とみんなで冗談交じりに話していた。そんなチームが大阪桐蔭に勝ち、ベスト4になることができたのだ。準決勝では智辯和歌山に1－5で敗れたが、私はもちろん選手たちも十分に満足のできる結果だった。

## 賛否両論だった
## 2022年センバツでの山田陽翔起用法

2021年の夏の大会で、私たちは大阪桐蔭に勝利した。大阪桐蔭にとって、この敗戦は相当悔しかったはずである。実際、大阪桐蔭はこの敗戦を糧に、秋の大阪大会、続く近畿大会でも優勝を遂げ、各地区の代表が集う明治神宮大会でも全国の強豪を撃破して日本一となった。

明治神宮大会で優勝した地区には、翌年のセンバツ出場枠がひとつプラスされる。2021年は大阪桐蔭が優勝したので、近畿の枠がひとつ増えて7枠となった。

２０２１年の秋の滋賀大会、近畿大会ともに、私はエースの山田を一度も登板させなかった。その前の夏の甲子園で近江はベスト４に進出したが、その後、山田の右肘が疲労骨折していることが判明したからである。そのため、秋の大会では山田をマウンドに上げることはなかったのだが、私たちは山田を使わずして近畿大会でベスト８に進出。そのあたりも評価の対象となり、センバツには近江が選ばれるものだと私は確信していた。

しかし、残念ながら私たちがセンバツ出場校に選出されることはなく、補欠校１位という発表だった。その日、私は山田とふたりきりになった時に、「コロナで辞退する高校も出てくるかもしれない。お前は持ってる男だから、センバツのマウンドに立っているような気がする。だから、しっかり準備だけはしておくように」と伝えた。山田という選手は、ここぞというところで力を発揮したり、劇的な結果を生み出したりという場面が非常に多い、いわゆる持っている男だからだ。

すると、みなさんご存じのように、新型コロナウイルスの影響で京都国際高校が出場辞退を余儀なくされ、補欠校一番手の近江が繰り上げで出場することになったのである。

代替出場だった私たちは山田の活躍もあって勝ち上がり、滋賀県勢として初のセンバツ決勝進出を果たした。しかし、１回戦から準決勝まですべての試合をひとりで投げ抜き、準決勝で足を痛めた山田をそのまま続投させ、さらに翌日の決勝でも先発させることになった。そして、大阪桐蔭との決勝戦は1－18の大敗。山田は3回に降板することになったが、山田の起用法に関してマスコミ、世論から相当バッシングを受けた。

決勝戦で敗れた後、私はインタビューで「山田の先発は回避すべきだった。彼の将来を見た時に、間違いだった」と述べた。これはもちろん本心であり、今でもそう思っている。だが、山田を準決勝で続投させ、決勝でも先発で登板させたのには根拠がある。決勝戦後の短いインタビューでは、私と山田が秋からセンバツに至るまでの間にふたりで築き上げてきたものを、とてもではないが説明しきれなかった。

肘の疲労骨折が癒えた秋以降、山田は肩と肘に負担のかからない投げ方を身に付けるべく、フォームの改善に取り組んだ。このフォーム改善がうまくいき、11～12月のブルペンでは山田の状態が尻上がりに良くなっていった。「これならもう大丈夫です」と本人も手応えを感じていた。

そんな山田の様子を見て、私は「もしセンバツに出られることになったら、山田で行ける」と思っていた。代替校として急遽のセンバツ出場となったが、山田自身の体の状態はとてもよかった。甲子園に乗り込む前、私は山田に「お前で全部行くからな」と伝えた。

1回戦から決勝まで山田を使い続けたのは、私としてはプラン通りで当然の選択だった。ところが、準決勝でデッドボールによって、山田が左足首を痛めるアクシデントが発生する。「このまま投げさせていいのか？」と、もちろん考えた。しかし、山田は気迫がみなぎった表情で「行きます」と言ってきた。このセンバツの時点で、山田に代わるピッチャーがうちにはいなかった。私は山田の続投を決めた。延長11回にまでもつれた浦和学院との試合で、山田を代えていたらうちは間違いなく負けていたと思う。

球数制限を考えると、山田は決勝ではあと116球投げられる状況だった。決勝の大舞台に、うちで一番いいピッチャーを登坂させるのは当たり前のことだし、そうしなければ相手にも失礼である。山田も先発で行く気満々だった。

大阪桐蔭との決勝戦。さすがの山田も、準決勝でのケガと延長11回を投げた疲れの影響が出たのだろう。3回途中4失点で降板することになった。1回表、大阪桐蔭の攻撃で先頭バッターの打った当たりは、ショートとレフトの間に飛ぶ高いフライだった。ショートのエラーで出塁を許すことになったが、滞空時間の長い打球だったのでバッターは三塁に到達した。これでノーアウト・ランナー三塁となり、流れが大阪桐蔭に行ってしまった。あの一打がうちにとっては非常に痛かった。初回を0点でしのいでいたら、もう少し違った展開になっていたと思う。

ファンの方々からよく「近江の選手たちは、体は華奢だけどチームとして強い。他の強豪とは違う雰囲気があっていい」と言われる。センバツで準優勝した後も「なんで近江が決勝まで行けたのか？　不思議や」という声をよく聞いた。確かに、うちには大阪桐蔭が持っているような「相手を圧倒する雰囲気」はないし、体の大きな選手もそれほどいない。近年、甲子園で注目された林にしろ、山田にしろ、体格的に評価するならば「普通」である。ただ、威圧する雰囲気がなくても、体格的に恵まれていなくても勝つのが近江の特徴といえるのかもしれない。

## 山田の何が優れているのか？

山田は、2年生の夏に初めて甲子園の土を踏んだ。そしてそれ以降、近江は甲子園で12勝を挙げている。「はじめに」で述べたが、12勝は「令和における甲子園最多勝利数」でもある。

「山田選手の何が優れているのですか?」とよく聞かれるが、「ここが優れているんです」とひと言で言うのはとても難しい。彼は心技体、すべての面において高校生離れしている。60歳を過ぎた私から見ても、山田は大きな器の持ち主だといえる。

山田は中学時代、1年と3年の時に日本代表を経験している。高校の日本代表でも彼はキャプテンを務めた。どこに行っても中心になる選手。「山田のようなプレーヤーになりたい」と思わせるものを彼は持っている。山田は近江にいた3年間、他の選手、生徒たちにもとてもいい影響を与えてくれた。

山田を初めて見たのは、彼が在籍していた大津瀬田ボーイズの納会だった。大津瀬田ボーイズの監督さんとは付き合いも長く、納会には毎年参加している。そこで、監督さんから「新しくキャプテンになる山田です」と紹介された。山田はみんなの前で新キャプテンとして挨拶していたが、「感じのいい選手だな」というのが私の第一印象である。

その後、当時中学生の視察を任せていた伊東部長から「大津瀬田の山田はすごいバッターですよ」と報告があった。伊東部長が言うには、視察に行った試合では山田は必ずホームランを打つという。確かに、スカウトなどが視察に訪れている場でいい結果を残す選手は、プレッシャーにも強く技術的にも優れているということだ。山田は近畿、中部圏の強豪からも誘いを受けていたようだが、最終的にはうちを選んでくれた。

山田は入部した時から「3年後には上位指名でプロに行く」「近江で日本一になる」というふたつの目標を掲げていた。自分のサイズではプロの世界で通用しないとわかっていたから、野球の技術的なトレーニングだけでなく、体力的なトレーニングにもストイックに取り組んでいた。

山田が入学した2020年は、コロナの影響で甲子園が中止となった年だ。入学直後は練習らしい練習もできなかった。だが、彼は家でしっかりトレーニングを積んできたのだろう。6月の時点で、ストレートの球速は143キロを記録した。

山田は学校の成績もよく、先生たちからの評価も非常に高い。うちからプロに進んだ選手は何人かいるが、山田ほど先生たちから評価されていた選手はいない。こんなことを言うと「身内を褒めすぎだ」と叩かれそうだが、それほどまでに山田は誰から見ても魅力的な人間なのだ。

先述した通り、肘のケガにより山田は2年の秋の大会で登板することはなかった。その時、滋賀大会では三塁コーチャーをさせたこともある。うちが一塁側ベンチであれば、三塁コーチャーは相手ベンチの目の前である。相手チームの選手たちは、目の前に山田がいるのを見て「あの山田だ」とざわめいていたが、山田はそんなことを気にすることもなく的確な声掛け、指示を出していた。いや、むしろ三塁コーチャーをしながら、その雰囲気だけで相手チームを威圧していたようなところもあった。

私は選手たちに「野球選手である前に、近江の生徒だということを忘れるな」といつも話す。野球選手である前に高校生として、もっと言えば人間として、しっかり生活していかなければならない。もうおわかりかと思うが、私の教え子の中でそれがもっともできていたのが山田である。

2023年のシーズンから、山田は埼玉西武ライオンズの選手となる。彼がプロの世界でどう生きていくのか、どんな活躍をしてくれるのか、それを見るのが楽しみでならない。行く行くは、球界を背負って立つ人間になってくれると私は信じている。

第2章

# 生い立ちと今、監督兼副校長として

## お寺の子として生まれ、野球をして遊ぶ日々

### 中学で初めてチームに所属

私の実家は、彦根市内にある浄土真宗本願寺派の賢学寺である。父親は住職をしながら、小学校の教諭をしていた。母親も同じく、小学校の教諭とお寺のことを手伝いながら私を育ててくれた。両親は休みなく忙しく働いていた。平日は小学校が終わって家に帰っても誰もいない。私はいわゆる「鍵っ子」だった。家に帰るとランドセルを放り投げ、バットとグローブを手に毎日遊びに出かけていた。

「将来、俺はプロ野球選手になる」という気持ちが芽生えたのは、小学校低学年の頃だ。体格のよかった私は、上級生に交じって対等に野球をしていた。地域のクラブチームなどもなかったので、遊びの中で野球を覚えていった。憧れの人は読売巨人軍の長嶋茂雄さん。長嶋さんが引退した時、私は中学生だったが「次に長嶋になるのは俺だ」と本気で思っていた。それほど長嶋さんは、私にとって特別な人だった。

小学校の先生は多忙である。両親は家に仕事を持ち帰り、夜も机に向かって仕事をしていた。しかも、土日は寺のことをしなければならない。ふたりは、本当に熱心な教育者であったと思う。とくに父は読書家であり物知りで、私のいろいろな疑問に丁寧にわかりやすく答えてくれた。日曜大工とか手先も器用で、機械をいじったりもしていた。印象に残っているのが、金づちで釘の打ち方を教えてくれた時のことだ。それは今も忘れられない。

私の祖父がお寺を再建（昭和8年）する資金調達のため、カナダのバンクーバーに布教師として単身で渡っていた際に、父と祖母が2年半あまり（昭和2〜4年）滞在していた時の思い出話をよくしてくれた。日本では車など見たことがない時代に、当時のアメリカでは広い道路を大型乗用車が走り、遊園地がすでにあってジェットコースターにも乗ったと聞いた。だから、アメリカと戦争すると聞いた時には信じられない思いがしたそうだ。

人の縁とは不思議なもので、現在日本高野連の会長をされている京都大学教授の宝馨さんは、小学校3年生の時まで彦根市内に住んでおられ、その時の担任が私の父だったということをよく覚えておられた。大変お世話になったとも教えていただいた。私はとても驚いたのと同時に、父が印象に残る先生であったことには頷ける思いがしたものだ。

今でこそ、両親には感謝の気持ちでいっぱいだが、子どもの頃の私は「絶対父親みたいにはなりたくない」と思っていた。男の子というのは父親に反発して育つものだが、私もご多分に漏れず、親に対して反抗的な子どもだった。

私はガキ大将で、何をするにも先頭に立たないと気が済まない典型的な「自己中」だった。低学年の小学生が、校長室で校長先生からお叱りを受けることなど、そうそうないのではないかと思う。私は体が大きく体力もあったので、5・6年生とキャッチボールをしても平気だったし、その上級生たちと一緒に悪いこともしたので、たびたび叱られていた記憶がある。

私が悪かったせいかどうかはわからないが、4年生になったと同時に母が私の通う小学校に赴任してきた。父より母のほうが激情的に怒るので、はるかに怖かった。私は母の気質を受け継いだのだと、大学で1年間コーチをした時に思ったものである。

母が学校に来て以降、私は優等生に変身した。というより、変身せざるを得なくなったと言うほうが正しい。そして、この小学4年生の時に、高校野球との運命的な出会いがあった。あの伝説の延長18回引き分け再試合となった、松山商業―三沢高校の決勝戦である。それが、たまたま私の誕生日である8月18日に行われ、私は4時間を超える死闘をテレビに釘付けになって観戦した。松山商・井上明投手と三沢・太田幸司投手ふたりの壮絶な投げ合いは、私の心に強烈なインパクトを残した。

「甲子園のマウンドに立ちたい」

私はこの時、真剣にそう思った。

後日談だが、私が監督として初の甲子園に出場した際、スタンドから球場を感慨深く見つめていると、あの井上明さん（当時朝日新聞高校野球担当記者）が穏やかな表情で「先生、ご出場おめでとうございます」と声を掛けてくださった。この時は、感激で体が震えたのを覚えている。「本当にここに来れてよかった」とつくづく思ったものだ。

高校野球に深い感動を覚えた私は、中学生になると当たり前のように野球部に入った。私は1年生の時から、ショートのレギュラーとして試合に出させてもらった。足もそこそこ速かったので、打順は3番だった。私が入学する以前のチームは県大会を制して近畿大会に出場するくらい強かったが、私の在学中は県大会に進むことはできたものの、その上の近畿大会に行くことはできなかった。

当時、野球部の部長を務めていた故平田正真先生は、私とサードの選手を「滋賀県一の三遊間や」と褒めてくれた。褒められたことは50年経っても忘れないものだ。私たちは、先生からそう言ってもらえたことがとても嬉しかった。さらに、これも不思議な縁なのだが、私を最初に甲子園に連れて行ってくれた代（１９９２年）のキャプテンである宝藤は、平田先生がのちに校長を務めていた中学校の出身である。平田先生から「宝藤といういい選手がいるから絶対に獲れ」と連絡が来たことを、まるで昨日のことのように思い出す。

自分の現役時代を振り返ってみると、中学から高校、大学と私は大きな大会で優勝した経験がない。野球はひとりでプレーするものではないから、チームの強い、弱いはその時のチーム状況、巡り合わせという「運」によるところも大きい。しかし、近江の監督となり、あの頃の自分を省みると勝てなかった理由がよくわかる。

現役時代の私は、自分のことしか考えていなかった。「ここで打たなあかん」と気負い、力んでしまうから結果が出せない。中学時代の監督だった田中龍行先生は、そんな私を見て仲間を思いやること、チームワークの大切さを説いてくれたが、当時の私にはそれを深く理解することができなかった。田中先生からは、その他にも「下級生に対しても、試合に出られない選手に対しても、気を配れる人間にならないといけない」といったことなど、野球の技術的なことより人としての心構えを教えていただいた。

## どうしても甲子園に行きたい
### 親の反対を押し切って名門・平安高校へ進学

中学時代、勉強よりも野球優先で楽しく過ごしていた私は、学業の成績もそれほどよくはなかった。しかし、両親は私を地元の進学校に行かせたいと考えていた。私は「どうしても甲子園に行きたい。そのためには、県内の高校に進学していては行くことなどできない」という考え方だったから、受験勉強にも熱が入らない。

当時の甲子園は1県1代表制ではなく、滋賀の優勝校は福井の優勝校と代表を争っていた。もともとは京都と代表を争っていたのだが、京都が1県1代表となったため、平安（現龍谷大平安）に進学するのが甲子園に行ける確率は高いと私は考えた。そしてその通り、私は平安に入る結果となった。両親はさぞがっかりしたと思う。でも、ふたりは下宿探しやいろいろな準備に駆け回ってくれた。私は何としても甲子園に出て、この恩に報いなければならないと密かに誓った。

いま現在に至るまでの私の人生を振り返ると、この高校進学は本当に大きな分岐点だったと思う。もし平安に行かなかったら、また違う人生があっただろうし、別の高校で野球の道を歩んでいたとしても、今とはまったく別人のような指導者になっただろうと思う。なぜそう思うかというと、平安・龍谷大での濃密な時間が、良くも悪くも今の私を形作ってくれたからだ。この8年間で出会った人の中には、私を倅のように、あるいは弟のように心底可愛がってくださった方々がいた。そういった多くの恩人との出会いが、何よりも私の財産である。

平安野球部の創部は1908年。古豪として知られ、史上最多となる75回の甲子園通算出場回数記録を持つ。2008年に平安から龍谷大平安に改称されたが、ユニフォームは今も私が現役だった頃と変わらず、純白のユニフォームの胸には「HEIAN」と濃紺の文字が記されている。

私が入学する前年のチームはセンバツで準優勝、夏はベスト8とスター選手揃いで、今でもスタメンは名前がスラスラ出てくるほど個性的な選手が揃っていた。その甲子園での活躍を見て、全国から集まった新入部員は80人以上。それが1週間で半分に減り、夏前には20人足らずになった。その中には、将来は必ずプロに行くだろうという同級生もいたが、そういう選手ほど早い段階で去っていった。3年生になった時には13人しか残っていなかったから、練習や上下関係がいかに厳しかったかおわかりいただけるだろう。

私は「プロ野球選手になる」という大きな夢を持って平安に進学した。名門である平安に行っても、自分なら絶対に一番になれると信じていた。ところが、入部して上級生や同級生などのプレーを見て、そのレベルの高さに驚いた。カルチャーショックといってもいい。滋賀の田舎に住んでいた少年が都に出て、自分が井の中の蛙であったことを思い知らされたわけである。

過酷な状況ではあったが、親の反対を押し切って平安に進学した手前、何としても結果を残さないといけない。名門中の名門だけに練習はとてもきつく、それに輪をかけて上下関係が厳しかった。「なんでこんなところに来てしまったのだろう？」と思う毎日だったが、両親のことを考えると次の日にはユニフォームの袖に腕を通していた。

今でこそ野球部のグラウンドは京都市内にあるが、当時は亀岡に専用のグラウンドがあり、そこまで1時間ほどかけて電車で毎日通っていた。2・3年生はバスで行けるのだが、1年生は電車移動。しかも、駅からグラウンドまでの2キロを大きなバッグを担いで走っていかなければならない。これが本当にきつかった。

## 高校の2年半で監督が3人交代

### 大人の都合で選手たちが振り回されることはあってはならない

私が中学3年の時、平安はセンバツで準優勝、夏はベスト8と甲子園で躍動していた。私もそんな強さに憧れて入学したものの、ここから平安は長い低迷期に入ることとなる。低迷した理由のひとつは、有望な選手が上からの圧力に屈して辞めていくこと。そしてもうひとつは、監督がコロコロと代わったことである。私が在籍した2年半だけでも、監督は3人交代した。

入学した時の監督は、前年の夏前からチームを受け持ち、甲子園でもベスト8に入った故近藤晴夫監督だった。1年夏の大会では、私はベンチ横でバット引き係をすることになり、初戦の緊張感を間近で感じることができた。試合は投手戦となり、あと1本が出ないジリジリした展開だった。誰もが間違いなく平安が勝利すると思っていただけに、ワンチャンスを生かした相手に1点を先行されると球場は異様な雰囲気になり、先輩たちの表情にも焦りの色が見てとれた。

終盤に入ると、ベンチ内では悲壮感から泣き出す先輩もいる中、試合は0－1のまま終わった。泣き崩れて立ち上がることができない先輩の姿を見て、生まれて初めて勝負の厳しさを目の当たりにした。「監督！　責任取って辞めろ！」「お前ら、平安の選手やない！ユニフォーム脱げ！」。スタンドから罵倒するヤジは容赦なく、悪夢を見た思いがした。私たちは、なかなか球場から出ることができなかった。私は騒然とした球場の雰囲気に恐怖を感じるとともに、改めて高校野球と平安の注目度の高さを思い知った。

負けた次の日から、新チームの練習がスタートした。私は昨日の経験をしたことで、今までの自分とは何かが違うと感じながら、監督から「サードをやってみろ」と言われてノックを受けていた。「俺に期待してくれている！」「このチャンスを何が何でも掴むぞ！」と私は燃えていた。

こうして私は充実した日々を送っていたのだが、あの敗戦から2週間ほど経った7月31日の練習終了後、薄暗くなったグラウンドで集合がかかった。そして、部長先生から「明日から、監督が代わります」といきなり告げられた。目の前が真っ暗になった。仮の話になるが、近藤監督のままで3年の夏を迎えることができていたらどうだったのか、と自身も監督をするようになって時々思ったことがある。それくらい純粋に燃えた2週間だったからだと思う。

新監督は故藤森文人監督で、平安2度目の全国制覇のメンバーである。それから私は、キャッチャーをやるようになる。キャッチャーを経験したことは、後から思えば非常に勉強になった。練習では徹底的に鍛えられた。ノックをする監督は鬼のように怖かった。しかし、秋・春・夏・秋の4大会で解任され、その後任には西村正信監督が3人目の指揮官として就任した。平安では4番を打ち、法政大学・社会人リッカーでも4番を打った強打者である。社会人出身の監督で、下半身強化のためダッシュを繰り返した記憶がある。打撃指導は、よく私の意見を聞きながらマンツーマンでアドバイスをしていただいた。

3年になると、私は4番・ファーストを任されるようになった。春の大会では久しぶりの優勝を果たしたものの、夏の大会では3回戦負けとなり、入学時に目標としていた甲子園出場は果たせなかった。ちなみにこの頃、4番の私の前で3番を打っていたのが、1年後輩にあたる原田英彦君（現龍谷大平安監督）だ。

原田君は高校卒業後、長く社会人野球で活躍して1993年に母校の監督に就任した。原田君が就任した当時も、平安は長い低迷期にあったので監督をよく引き受けてくれたと思う。原田君が監督となってから、平安は甲子園の常連校として復活を果たした。今では定期的に練習試合をする関係だが、これからも切磋琢磨しながら高校球界を盛り上げていければいいいと思っている。

## 龍谷大で恩師足立兼敏さんと出会う
### 大学時代に得た大切なもの

高校野球の最後の夏が終わり、空虚な夏休みが過ぎて2学期が始まった。その頃、私が龍谷大に進学できれば、ここまで嫌というほど心配をかけたのに、それでも応援し続けてくれた両親に少しでも報いることができると考え始めた。

私の高校最後の試合には、母親が球場まで応援に来てくれていた。そして9回の表、私は先頭バッターとして打席に立ち、初球を打ち上げてキャッチャーフライ。それが、高校野球の最終打席だった。まわりは泣き崩れていたが、不思議と涙は出なかった。球場を出てバスに乗り込み、ふと窓から外を眺めたら母親の顔が目に入った。その途端、どっと涙が溢れ出た。私は、心の中で「ごめんな、ごめんな」と叫んでいた。

龍谷大には、大崎三郎野球部部長の息子さん（神戸大学）に英語と日本史を特訓してもらい、何とか合格することができた。大学生活が始まると、行動範囲も人との出会いも格段に広がる。「何をやってるんや！ 俺はほんまにあほんだら！」と心の中でいつもそう叫びながら、同じ過ちを繰り返す。良くも悪くも、この濃密な5年間の経験が、私の監督人生の大きなベースになったといっても過言ではない。

私はひとりっ子として育ち、親元を離れて8年間京都で暮らした。いつの頃からか、歳の離れた兄貴がいてくれたらなぁと思うことがしばしばあった。想像する兄貴は、困った時に助けてくれる頼りになる男であり、私自身が理想とする男性像であったと思う。

大学4年生の当時、晩飯といえば「餃子の王将」だった。京都の繁華街の中心、四条河原町に近い木屋町店に、3日と空けずに通っていた。余談だが「餃子10人前30分以内完食無料」。楽勝だった。店長とも顔なじみになり「うちに来うへんか！ 君やったらすぐ店長になれるで。月40万でどうや」。冗談でも、その言葉が心から嬉しかった。一言一句、未だに忘れられない。

また故足立兼敏監督が、野球部4年生最後の納会の後、行きつけの祇園のスナックに4

年生全員を連れて行くのが恒例行事だった。私は、初対面のママとなぜか意気投合して「あんたおもろいなぁ。偉いもんになるで、あんた！」と、ポンと背中を叩かれて大笑いしたことをよく覚えている。私はお酒がダメなので、マイク片手にエンターテイナーとなり、場を盛り上げている姿が本当におかしかったのだろう。そのお店にはその日を皮切りに、足立監督とたびたび訪れることになる。『縁』という店名も忘れないが、足立監督の「人の縁は、大事にせなあかん。どれだけ人脈が作れるかは、指導者の器やからな」というお言葉は、ここまで私が大切に肝に銘じてきた金言である。

足立監督ほど気さくで、腰が低く面倒見のいい大学監督を私は見たことがない。平安のOB（実際は大谷高校OB）と間違えられるほど、平安OBとの交友関係も広い。私の長い指導者生活の中で、足立監督の弟子ということで受けた恩恵は計り知れない。また、平安そして龍谷大と野球を続けることができたのも先輩、チームメイトをはじめ、たくさんの方々に助けていただいたおかげであることは言うまでもないが、ここに改めて感謝を申し上げたい。

大学4年春のシーズンは、捕手としてリーグ優勝を経験することができた。指導者の道を考えていた私は、秋のシーズンに向けて学生コーチ的にチームをサポートすることになる。そして、母校平安にも教育実習でお世話になり、亀岡のグラウンドにも出向いてノックのお手伝いをさせてもらった。

当時の監督は井上長年さん。私が中学3年生の時、甲子園で見た強い平安の名セカンドである。平安中学から平安高校と、生粋の平安健児でもある井上さんは大変な努力家で、その堅実な守備には定評があった。井上さんは想像以上の重圧の中で覚悟を決め、24歳の若さで名門平安の再起を託されて監督を引き受けた。厳しい姿勢でノックをしていた井上さんからは、「ＨＥＩＡＮ」のプライドを選手に伝えたいという熱い思いがひしひしと感じ取れた。監督と選手は、激しい魂のノックで絆が生まれるんだと私は教えられた。今も弟のように可愛がっていただいている井上さんも、足立監督と同様に私にとっての大恩人である。

１９８１年の秋、関西の大学野球界が大揉めに揉めた。明治大学の島岡吉郎監督も、この混乱の収束のために動かれたほどの大騒動だった。結論から言うと、現在の5つのリーグ（関西学生・関西六大学・京滋大学・近畿大学・阪神大学）に再編成されて騒動は一段落した。それ以前は、関西六大学野球リーグの傘下に京滋・近畿・阪神の3つのリーグがあり、シーズン終了ごとに、3者リーグ戦を制した代表が関西六大学の最下位と入れ替え戦を行うシステムだった。

この再編により、それまで京滋リーグに属していた龍谷大は、関西六大学野球連盟の所属となった。そして、春のリーグ戦からは対戦校のレベルが上がり、とくに大阪商業大学が群を抜いて強かった。本来の旧体制のままなら、大商大は入れ替え戦を勝ち上がって旧関西六大学リーグで優勝してもおかしくない戦力で、私たちは相手にもならなかった。ただ、足立監督の下でコーチとして私は何の役にも立てなかったが、新リーグ発足前から2シーズンと2度の春季キャンプにも帯同させていただいた。この1年半余りの体験ができたおかげで、指導者としての自分の姿がぼんやり浮かんできたように思う。

こうして私は1983年4月、近江に社会科教諭兼野球部コーチという肩書で着任した（そこからの話は第1章に記した通り）。近江へ赴任する話は、父親が当時の近江の校長先生の息子さんを小学校で受け持っていたことがご縁で、実は大学4年の夏頃に私のことを内々でつないでくれていた。社会科の免許が4年で取得できていたら、私は1年早く近江に来ていたかもしれない。京都にずっと残りたい気持ちもある中で、父親の気持ちもありがたかった。

## 副校長という大役を務めつつ、監督の務めも果たす

1989年に野球部の監督となり、就任4年目に私は監督として初めて甲子園の土を踏んだ。さらに、それから9年後の2001年夏の甲子園において、私たちは滋賀県勢で初めてとなる決勝進出を果たした。

準優勝した後、しばらくして当時の故夏川浩理事長から「副校長という立場で、さらに近江の知名度を上げてもらえないか」という話があり、一旦は「そんな大役は私には無理です」とお断りした。

私は不器用な人間なので、一度にいろんな役割をこなすことはできない。社会科教諭、学級担任、そして野球部の監督。この3役を務めるだけで精一杯だった。しかし、理事長から再び「今まで通りでいいから。近江のために君の力が必要だ。本校の認知度を高める広報役としてやってもらえないか」とお願いされ、私も「理事長がそこまで言ってくださ

るのなら」と副校長の大役をお受けすることにした。

以来、副校長の肩書で近隣中学を巡って広報活動を続けるうちに、野球部の部員数も増えていった。近年では各学年の部員数を15人以内に抑え、少数精鋭化を図る強豪校も多いが、うちは基本的に「来るものは拒まず」の姿勢である。副校長となりしばらくして部員数は100人を超え、一時は120人を超えるような時もあったが、ここ数年は3学年合計100人前後の部員数で推移している。

野球部に入ったら辞めさせず、3年間面倒を見て最後まで部活をやり通してもらう。預かる側として、ちゃんと育てて出口もしっかり考えて送り出す。本校を進学先に選んでくれた部員たちに対して、卒業後の進路を一緒に考えていくのも監督兼副校長である私の責任であり、大切な役目だと考えている。

部員の進学先のメインは関西圏の大学である。最近多いのは龍谷大、大商大といったところだ。関東への進学は今まであまりなかったが、2022年のセンバツ、夏と甲子園で山田とともに活躍したショートの津田基が明治大に行くことが決まった。これを足掛かりとして、選択肢を関東にもどんどん広げていきたい。

大学進学にあたり、私は選手たちに「大学で野球をしたいなら、勉強もがんばってしっかりした成績を取れ」と常々言っている。大事なのは文武両道を目指すことだ。「野球だけうまければＯＫ」という時代は、もうとっくに終わった。今は、授業さえ出ていれば大学を卒業させてくれる時代ではなくなりつつある。大学に進学して、その後どうしたいのかを突き詰めて考えていけば、選手たちの生活スタイルも自然と文武両道になっていく。

本校には普通科と商業科があり、部員の多くは普通科の「総合コース」に所属している。普通科には、その他に国公立や一流私大を目指す特進クラスである「アカデミーコース」と、部活をやりながら一流大学を目指す準特進の「アドバンスコース」がある。近年、野球部で「アドバンスコース」に籍を置く部員も増えてきており、文武両道を目指す野球部にとてもいい刺激を与えてくれている。

## 恩師からのひと言で、教壇に立つ時は必ずネクタイを着用するように

### 外見を正せば、内面も律せられる

近江の教員となってからしばらくの間、私が学校にいる時の格好はポロシャツやスポーツウェアだった。部活の指導をしている教員は、普段からスポーティーな格好をしている人が多かったし、Yシャツなどを着た「いかにも教師」的な格好をしていると生徒たちになめられると思っていた。

私が監督となった翌年（1990年）、教員として私の大先輩である故徳永徹静先生が校長になられた。徳永校長は、近江野球部の初代部長でもある。人を見る目だけでなく、野球を見る目も兼ね備えた、私にとって恩師とも呼べる存在だ。私は1990年に結婚したのだが、その時仲人をしていただいたのも他ならぬ徳永校長だった。

ある日、私は徳永校長から「生徒に偉そうに服装のことを注意するなら、教師自身もきちんとした身なりをしていないといけないのではないか？」と指摘された。「生徒にあれこれ言う前に、まず自分を見直しなさい」と。

それまでの私は、自分ではしっかりやっているつもりでも、どこか調子に乗った部分もあったと思う。徳永校長から言われたこのひと言で、私は「確かにその通りだ」と我に返った。そしてその翌日から、教壇に立つ時は必ずネクタイを締めるようになった。

不思議なのだが、学校でネクタイを着用するようになってから、野球部も徐々に勝てるチームへと変わっていった。徳永校長から「自分を見直せ」と言われてから3年後の1992年、私は監督就任4年目にして初の甲子園の切符を手にしたのである。

大きな目標を達成するためには自分を律し、ひたすら努力を積み重ねていくしかない。逆に言えば、自分を律することのできない人間は、成功を手にすることなどできないということだ。私は徳永校長からのひと言で自分を見直し、外見から正すことで内面も律せられることを知った。

あれから30年。徳永校長は定年退職で学校を離れたのち、惜しまれながら他界されたが、私は副校長という立場になった今も、あの時の徳永校長の言葉が胸にしっかりと刻まれている。近年はクールビズの導入などもあり、夏はネクタイをしない時もあるが、公の場では必ずネクタイを着用している。

外見を正せば、内面も律せられる。そしてそれはやがて、その人の人生にもいい影響を及ぼすのだ。

## 伊東洋前部長がいてくれたから近江は強くなった

近江野球部創成期に、私と二人三脚でチーム作りに尽力してくれたのが伊東洋前部長である（現在は教頭として、野球部のみならず学校全体を盛り上げるべく運営に携わっている）。

伊東前部長は私が監督となった翌年、臨時講師として近江に赴任してきた。伊東前部長は大阪の強豪である上宮高校の出身で、4個下の後輩には元木大介さん（読売ジャイアンツ一軍作戦兼内野守備コーチ）がいる。上宮卒業後は龍谷大に進学。大学の野球部ではマネージャーを務め、「将来、高校野球の指導をしたい」という希望を持っているとのことで、足立監督から履歴書を預かっていた。大学卒業後は大阪の女子校に勤務していたのだが、夏休みに徳永校長から「社会科で欠員が出たから、すぐに彼を呼んでほしい」との連絡が私にあり、急遽のご縁ではあったが今振り返ると何という幸運かと心から思う。このようないきさつで、伊東前部長は近江にやってきたのだ。

近江に赴任すると同時に、伊東前部長は野球部のコーチに就任。彼は名門上宮出身ということで、野球の知識も豊富であることはもとより、下積みを経験しているので控え部員の気持ちがよくわかり、かつ大学ではマネージャーの業務に就いていたためチーム運営の術にも長けている。以来、陰ひなたになってチームを献身的に支えてくれた。彼が来て野球部がさらに良い方向へと変わり、甲子園がより身近な存在となったのは間違いない。

伊東前部長が正式に野球部部長となったのは、私自身2度目の甲子園となった1994年の夏からだ。長く高校野球に携わっていると、部長と監督の関係がチーム運営にとっていかに大切かがよくわかる。一般的には「部長が年上で監督が年下」というパターンが多く、部長が監督経験者だったりすると、何かにつけて口を出してくることも多いと聞く。そのような「1チームに監督がふたり状態」で、チーム運営がうまくいくわけもない。幸い、うちは伊東前部長が私より8つ年下で、さらに彼には「行く行くは監督になってやる」という野心がなかった。だから、伊東前部長とはとてもいい関係が長く続いた。彼のおかげで、チーム内のバランス（レギュラーと控え）が保たれ、対外的（保護者・中学校・クラブチーム）な適応力・対応力も抜群だった。

伊東前部長は、選手の素質を見抜く眼力にも長けていた。だから当時から、中学生の視察は伊東前部長に任せており、教頭となって野球部の運営から退いた今も、中学生の視察活動だけは伊東前部長にお願いしている。今の近江の強さの礎を築いてくれたのは、伊東前部長だといっても過言ではない。それくらい、伊東前部長は野球部にとって大切な存在なのである。

伊東前部長に代わり、2018年から私の教え子である武田弘和が部長を務めてくれている。さらにコーチには、2001年夏の甲子園準優勝時のキャプテンだった小森博之が就いた。

令和の新時代を迎え、部長、コーチともに近江生え抜きの布陣となった。私も定年を過ぎ、いずれはバトンを受け渡すことも考えなければいけない時期に来ている。今後は、近江を背負って立つ人材育成も含め、今まで以上にしっかりとチーム運営をしていかなければならないと思っている。

第3章

# チームを一体化するための多賀流指導論

## 指導の原点

### 恩師・椙木寛先生の教え「選手は宝だと思え」

第1章でお話ししたように、私が近江でコーチを始めたばかりの頃は、とても〝選手ファースト〟といえるチーム環境ではなかった。

だが、その頃に親身になって、私たち指導陣に〝選手ファースト〟の在り方を説いてくれた人がいる。それは、当時岐阜南高校の監督を務めていらっしゃった椙木寛先生である。

私が赴任する2年前（1981年）の夏、田中前監督率いる近江は初の甲子園出場を決めた。この時、岐阜代表として出場していたのが岐阜南だった。この同時出場が縁となり、近江と岐阜南は練習試合などをして交流を持つようになった。

椙木先生は龍谷大の出身（恩師足立監督と同期）で、私の大先輩にあたる。練習試合をするたび、椙木先生はうちの選手だけでなく、後輩である私にもとてもためになる言葉をいくつも掛けてくださった。

夏の大会で結果が出ないと、新チームへの移行もなかなかうまくいかない。「またあの辛い練習が始まるのか」と、頭に思い浮かべるだけで選手たちは後ろ向きになり、脱走を図って練習をボイコットするようなこともあった。そんな時、本校を訪れた椹木先生が選手たちを集めて「逃げたらあかん！　今逃げたら、これから苦しいことやしんどいことから必ず逃げるよ。そんなことではダメやな。君らを応援してくれてる家族や友人を裏切ることになる。だから絶対に逃げるな」。そして「野球は好きやろう。野球は正直に答えてくれる。みんなでがんばったら、がんばっただけ甲子園に近づくんや。だからグラウンドから逃げたらあかん。みんなで、すぐにグラウンドに戻ればいいんや」と熱く語りかける言霊は、選手たちより私の心に一番響いていたかもしれない。

椹木先生は厳しい指導で知られた監督だったが、自チームの選手たちに練習をボイコットされたことは一度もないという。椹木先生は選手たちに「俺の指導が厳しくて『こんな監督には付いていけない』と思ったら、みんなで校長のところに行って『監督を代えてください』と言え。そうしたら、俺はすぐに辞める。だけど、ひとりでも俺に付いてきてくれる選手がいたら俺はやる」とよく話していたそうだ。要するに、良いことであろうと悪いことであろうと、選手全員が同じ方向を向くことで仲間を大切にする心が芽生え、ひいては「チームのために」という思いに行き着くのだ。

椹木先生は、私に「選手が練習をボイコットするのは、『ぼくたちの思いを聞いてほしいが、言っても聞いてもらえない』と思い込んでいるからや。もし面と向かって言える子がいたら、その子がチームを引っ張っていくからこんなことにはなっていない。今の彼らには、精一杯の抵抗なんや。苦しいことやしんどいことしか頭に浮かばんのや。でも、まだ野球は嫌いになってない。それが救いやな。それを理解せなあかんよ」とおっしゃった。そして「選手あっての監督。主役は選手。選手は宝だ」とも言われていた。男気がある人とは、椹木先生のことであると思った。

椹木先生からは、その後も私を弟のように思ってお付き合いしていただき、いろんなお話を伺った。とくに印象に残っている話をご紹介すると、椹木先生のお父さんは軍隊上がりの非常に厳格な方であったそうだ。椹木先生が龍谷大で野球をされていた頃、先生の弟さんは平安で野球をされていたのだが、当時の平安は本当に強い時代で練習も半端なくきつかったようだ。セカンドをやられていた弟さんは、連日の激しいノックに何度もダイビングやスライディングで飛び込むため、胸や腕や大腿部が摩擦で裂傷してその痛みに耐えきれなかった。しかし、厳しいお父さんには言えず、先生に「辞めたい」と相談されたそうだ。その時、先生が「野球と、ここですっぱり縁を切れるか。切れるんなら辞めてもいい」と言うと、弟さんは「野球とも縁を切る」と返してきた。すると、先生は「よし、わかった。すべての野球道具を、今すぐ庭で燃やせ」と言った。弟さんは、道具を庭まで持ってはきたものの、さすがに火を点けることはできず野球部に踏みとどまったそうだ。兄弟のいない私にはうらやましく、兄が弟を救った忘れられない話である。

「どんな困難があろうと、やると決めたら最後までやり遂げる。それを預かった選手全員にさせてやらなあかんのや！　選手が本当に困っている時に、親身になって助けてやれるかやな。俺な、ひとりも辞めさせたことないんや。勝たせてやることはできんけど、それだけが自慢や」と笑顔を浮かべて話してくださった。

椹木先生は選手がひとり、またひとりと抜けていくようなチームは弱いチームだともおっしゃっていた。チームがひとつになり、ひとつの思いを共有して、その思いに向かってみんなが一体となって行動を起こしていく。そういう一体感のあるチームが、本当に強いチームなのだと椹木先生は私に教えてくれたのだ。高校球児を指導する原点を教わった思いだった。

その後、椹木先生は母校大谷高校でコーチ・監督を歴任された後、龍谷大の監督となり、今では第一線を退いて関西六大学野球連盟理事などを務めていらっしゃる。槌木先生の教えにより、チームがひとつになることの大切さを知った私は、毎年メンバーが入れ替わるチームを、夏に向けて一体感のあるチームに進化させていく作業に日々取り組んでいる。

## 子どもと大人が一体となったチーム作り
### 最後の夏はその総合力が試される

槌木先生の教えもあり、私は監督になる前から「野球部の主役は子どもたち」だと思って指導するようになった。大人はサポート役に徹するのみ。近江の野球部はこの先何年も続いていくと思うが、自分がその一部分をつなぐ橋渡し役になれれば十分である。

また、高校野球は選手と同等か、もしくはそれ以上に後ろに控える保護者の存在が大きい。そこもしっかりと意識して、チーム運営をしていく必要がある。

ちなみに、私は必要以上に保護者の方々とは関わらないようにして、窓口は部長に任せている。公平性を保つ意味でも、できる限り一対一で会うことは避けている。祝勝会などが開催された時も部長やコーチは参加するが、監督である私は参加しない。これは私が監督に就任してから、ずっと続けていることでもある。

私が保護者のみなさんと面と向かってお話をするのは、入学式の後の保護者会くらいのものかもしれない。最初の保護者会では、チームの方針や私の思い、私が心掛けていることと、さらに近年の近江がなぜいい成績を収められているかなどを細かくご説明している。

その内容をざっと挙げてみる。

・学年間の垣根がないのでチームワーク、チームのバランスがいい。レギュラーと控えの垣根もない

・チームの思いがひとつになった時、大きな力が発揮される。とくに夏の大会はチームが一体となった総合力がなければ勝てない

・この夏いかに勝つか、今何をすべきか、夏が終わった後、自分はどう生きていくのか。それがリンクしたら甲子園への道が開けて、その選手の将来にもつながる

・私が選手に求めているのは、甲子園よりも大事なものを見つけてくれること

「1年の計は夏の大会にあり」

3年生がチームを去る日が、新チームの始まりの日でもある。私は、夏の大会の初戦で

負けたことが過去に2度ある。１９９３年の夏は、大会直前のチームの仕上がりが良く、「今年は、甲子園でも勝てるチームになった」と私自身に油断があった。前年に甲子園を経験した選手も、私と同じ気持ちであったのかもしれない。初戦の相手は大津商業。初回に2点を先行され、その後もエースの鈴居が打ち込まれて完敗したのである。

鈴居も万全の状態で臨んだが、先頭打者の出塁を許して投球のリズムが狂った。大黒柱が揺らぐとチームは浮き足立つ。初戦の怖さを思い知らされた試合だった。選手たちには本当に申し訳ないことをしたが、私にとっては監督就任5年目の早い時期に、苦くも貴重な経験をさせていただいたわけである。指導者—選手—保護者、選手を中心に三者が心を合わせて一体となり、甲子園を目指す。三位一体の機運が高まることで、チームに強運がもたらされる。この力が何よりも大切なのだ。

おかげ様で近江野球部は、毎年この機運が自然とできあがる。だが、すべての代が甲子園につながるわけではない。つながらなかった代の無念や悔しさを目の当たりにした次の代が、さらに強くなってその悔しさを晴らす。その後、そんな1年おきに甲子園に出場するという流れが近江にできたのも、１９９３年の初戦敗退があったからである。

その初戦敗退後の代の保護者代表が、山口甚五郎さんである。現在も野球部にとどまらず、近江の陰の後援会長だ。私たちは夏に続いて1993年秋の大会でも早々と敗退し、夏の大会に向けてより一層厳しく過酷な練習を課していた。選手たちは歯を食いしばり、がんばっていた。

そのがんばりを後押ししてやれることが何かないかと思いついたのが、毎週末金曜の夜から全員で合宿して、お母さん方に食事を作ってもらうということだった。これには、山口さんの奥さんがリーダーシップを取ってくださり、秋から夏前まで約9ヶ月もの間、本当によくしていただいた。

選手たちは、自然と週末を楽しみにして厳しい練習もがんばるようになった。そして、手作りの料理をみんなで美味しくいただいていると、食が進むおかげで体重も増量し、夏の大会前には指導者―選手―保護者の間で真の三位一体感が生まれていた。こうして見事に2年ぶりの甲子園出場を果たし、1回戦では志学館（千葉）を倒して私に甲子園での初勝利をプレゼントしてくれた。やはり、甲子園で最後の試合ができるチームは幸せだとつくづく思ったものだ。

3年間のうちに自分よりもチームのこと、自分よりも仲間のことを考えられるようになるのが「人間性を磨く」ことだと私は思っている。そして、そのような人間性の磨かれた選手が3年生の中に多ければ多いほど、結果としてバランスが取れた一体感のあるチームになっていく。私は40年に渡る高校野球の指導を通じて、それを学んだ。

「子は親を映す鏡」というが、親の姿勢が子どもの生き方となって表れる。また、監督である私の姿勢が、選手のプレーとなって表れることも私は痛感している。

甲子園はチームにとって大きな目標ではあるが、それが選手たちにとってのゴールではない。選手たちには、卒業後も続く自分の目指す目標、夢に向かって走っていってほしい。そのためには、私たち大人も人間性を磨いていかなければならない。最初の保護者会で私が説明するのは、そういったことである。

## 本当の力は、純真なところから発揮される

2017年夏、私たちは県大会の決勝戦で彦根東に敗れた。第1章でお話ししたが、この敗戦を糧に、私たちは翌年の記念大会である「第100回大会」で甲子園出場を果たす

ことができたのだ。

この時の彦根東には、2年生のエース・増居翔太君がいた。私が監督となってから、それまで彦根東に夏の大会では負けたことがなかった。「今年の彦根東は強い」と言われていた年でも、勝ち切ることができていた。

2017年の彦根東は、エースの増居君が素晴らしかったのはもちろんだが、3年生も心技体で成長した選手が多く、それまでの彦根東とは一味も二味も違って逞しく感じるチームだった。また、春の滋賀大会で優勝して、近畿大会では大阪桐蔭に敗れたものの3－4の接戦を演じていた。この大阪桐蔭戦が、彦根東ナインにとって大きな自信となったのだろう。夏の県大会は優勝候補だった彦根東とうちが順当に勝ち上がり、決勝戦で戦うことになった。

試合は、5回が終わって1－2の1点ビハインド。私たちは、好投手である増居君を打ちあぐねていた。そんな時、6回の彦根東の攻撃時に内野のエラーで出塁を許すと、相手の5番バッターに2ランホームランを打たれて突き放されてしまった。増居君には終盤も完璧に抑えられ、内容的には完敗だった。私は「このままでは来年の夏も彦根東にやられてしまう」と、強い危機感を抱いた。

この時、1年生の林と有馬は、あえてベンチから外していた。夏の敗戦後、有馬は正捕手となったが、このふたりがいてくれたことが近江にとっては非常に大きかった。私たちは続く秋の大会で滋賀大会を制し、近畿大会の準々決勝では彦根東も倒してベスト4入りを果たしセンバツ出場を決めた。このセンバツ出場がなければ、夏の第100回大会で滋賀を制することはできなかったかもしれない。

2017年の決勝戦で負けた悔しさを、2018年のチームが晴らしてくれた。決勝戦に負けたことで、新チームとなる1・2年生は改めて自分たちの「練習に対する姿勢」を見直した。日々、無心でボールを追いながら「第100回大会では絶対に甲子園に行く」と練習に取り組んでくれるようになった。

甲子園のような大舞台で活躍するには、真っ直ぐで純粋な気持ちがもっとも重要である。普段からいかに一心不乱に野球に取り組んでいるか。その心の在りようを問われるのが、甲子園なんだと最近とみに感じる。

人前で「いいところを見せたい」と思うのは、人の常である。しかし、普段とは違うよそ行きの気持ちが大きくなりすぎると、それが緊張や力みにつながってミスとして表れる。それが甲子園である。

ありのままの姿で、無意識にボールに反応できている状態が、120%の力を発揮している時だと思う。普段の練習から「今は甲子園のグラウンドに立っているんだ」と心の中で思うことはできる。それが実践できる日が増えていけば、甲子園のような大舞台で時に想像を超える力が生み出されるのだ。

2018年のチームから、甲子園での近江の野球が変わった。というか一皮むけたと言うべきかもしれない。それまでの戦いぶりとは、明らかに違う。それは、彼らの「甲子園で野球を思いっきりエンジョイしたい！」「チームの勝利のために完全燃焼したい！」「ベンチに入れなかった控えの3年生たちの思いを背負って全力を出し切る！」。そういった胸に秘めた思いを、ストレートに表現できるようになったからではないかと思う。

## 5年間、甲子園から遠ざかって気づいた基本

### その後、現在まで9年連続決勝戦進出

2000年代に入り、私たちはコンスタントに夏の甲子園に出場できるようになった

（最低でも2年に一度は出ていた）。ところが、２００９年から２０１３年の5年間、私たちは夏の甲子園から遠ざかることになってしまう。私が監督となってから、夏の甲子園を逃した期間で5年は最長である。なぜ5年もの間、私たちは甲子園に行けなかったのか。それは、２００９年の滋賀大会決勝の敗戦が、ひとつのきっかけになっている。

この時の決勝戦の相手は、滋賀学園（初の甲子園出場）だった。うちのエラーが１イニングに３つも４つも出て、１－７の大敗を喫した。この決勝戦、私たちは勝たなければならなかった。しかし、典型的な自滅パターンで敗れた。ここから5年、近江は甲子園から遠ざかることになるが、私は「負けてはいけないところで負けると尾を引く」ということを思い知らされた。決勝までの勝ち上がりは、一戦ごとにチームが強くなって勢いのある集団へと変貌を遂げている。そして決勝では、その成長の証として集大成の戦いで勝ち切らなければならない。つまり、決勝で自滅して負けるということは、成長の証を形で示せなかったということになる。

甲子園に出場できなかった5年間はとても長かった。でもそのおかげで、私にもチームにも油断、驕り、慢心といったものが一切なくなったように思う。どんな時でも、どんな相手でも、常に全力でぶつかっていく。こういった考え方は基本中の基本のように思えるが、何事も基本を身に付けるには時間がかかる。戦いの基本であるこの精神を思い出し、それをチーム全体に浸透させるのに結局5年もかかってしまったのだ。

長い時間をかけて基本を身に付けた成果だろうか。2014年から2022年まで、私たちは9年連続で夏の滋賀大会の決勝に進出している（2020年の独自大会含む）。その間、負けたのは2015年の比叡山と2017年の彦根東だけである。

ここで、前項で触れた2018年夏の滋賀大会優勝に関して詳しくお話ししたい。

2017年に彦根東に敗れ、私たちは好投手である増居君を打ち倒さなければ来年の甲子園はないと悟った。そこでバットマンとして発奮し、力量を一番伸ばしてくれたのが北村恵吾だった。

北村は1年生の時からベンチ入りして、甲子園も経験していた。2017年の彦根東戦の時も万全なら4番を打たせるはずだったが、腰痛が悪化していたため私は彼をメンバーから外した。

北村は、きっと「自分が出ていれば……」という無念さをずっと感じていたに違いない。彦根東との決勝で負けた後、彼は誰よりも努力をしてバッティング技術を向上させた。また、他の選手たちも北村に続けとばかりひたむきに練習に打ち込み、チーム全体の打撃力も伸びていった。

「打倒増居」を掲げて臨んだ夏の大会では、残念ながら彦根東は私たちと戦う前に負けてしまった。「彦根東に勝って甲子園」という目標は果たせなかったが、私たちは決勝戦まですべての試合で打ち勝ち、優勝することができた。その後、甲子園の1回戦であの智辯和歌山を相手に打ち勝ったのは、第1章でもお話しした通りである。それまでは「近江は甲子園によく出るけど打撃が弱い」と言われていたが、北村たちが近江にも「打」があることを証明してくれた。

2022年の秋の大会で、私たちは3回戦負けというとても不甲斐ない結果に終わった。一時代を築いた山田が抜けた直後だっただけに、下級生たちが戸惑った部分も多々あったかと思う。しかし、近江野球の原点は「負けから這い上がっていく」ところにある。来たる2023年の夏の大会では、選手たちはきっと成長した姿を見せてくれるはずだ。10年連続の決勝進出、そしてその先の5年連続夏の甲子園出場（2020年の独自大会を挟む）を目指し、チーム一丸となってがんばっていく所存である。

## 根気強さ、我慢強さを身に付けるには

野球を始めた小学生の頃は、年上の上手な人の動きを見て見様見真似で何度もやってみる。そのうち、時間も忘れて夢中になるほど野球が好きになっていく。そこから先、好きになる度合いは個人差が出てくると思うが、始めた頃の気持ちを時々思い出すことができれば、野球に取り組む姿勢がよくなっていくだけではなく、波紋が広がるように勉強や生活態度などにも好影響を及ぼす。つまり、心の在り方がいかに大切かということである。

「好きなことに一生懸命取り組めない人間が、夢に挑戦する資格はない」「野球に一生懸命取り組めない人間が、甲子園でプレーする資格はない」。これは30年前も今も変わらず、私が生徒たちに言い続けていることである。1年生には、一度始めたことを最後までやり遂げることの尊さを説き、根気強く続けない限り技術の修得はないと口酸っぱく言う。壁に突き当たった時、我慢強く陰で努力を続けることが大事なのだ。

3年生になった証というのは、最後の夏の大会で結果を出すこと以上に、レギュラー・控え関係なく「チームの勝利のために、今自分ができることに最善を尽くす」姿勢を、後輩たちの心に残すことだと思う。その3年生の真剣な姿勢に、1・2年生も付いていこうとしてチームがひとつになるのだ。地道な努力を続ける者がチームの宝であり、チームに強運をもたらす。根気強さや我慢強さは、3年生にしかない人間力であり、これが「3年生の底力」だと確信を持って言える。

山田が3年夏の大会前に打撃不審に陥った際、全幅の信頼を置いているトレーナーの与那覇翔太さんから「バットを振りすぎて右肩の筋肉を痛めているので、スイング量を減らさないと夏に悪影響を及ぼす」という報告を受けた。すぐに私は「スイング量もだけど、練習量も少し落として睡眠時間を増やせ」と山田に忠告した。朝5時に起きて始発に乗り、7時前に学校に着いて朝練習を行うということを、山田は1年生の冬から続けている。だから、睡眠時間が足りていないのはよくわかっていた。

ところが、彼は「ぼくは何としても、チームを甲子園に連れて行かなければなりません。今の練習を続けていくことで、みんなもぼくに付いてきてくれる。だから練習をやめることも、内容を減らすこともできません」とＬＩＮＥで返事をくれた。涙が溢れてきた。これは、使命感から来る「仲間を裏切ることはできない」という覚悟に他ならない。だからこそ、3季連続の甲子園があったのだ。この山田の姿勢を受け継ぐ生徒も少なくない。

下級生が真っ先にグラウンドに出てきて、練習の準備をするのは当たり前のことだが、3年生が先頭を切ってグラウンドに出て、最後までグラウンドに残って練習をする。そういう姿勢で、学年が上がるごとに率先垂範してほしい。あるいは「自分はみんなより技術的に劣るから、トンボ（グラウンド整備の道具）は誰よりも上手にかけよう」という意識を、みんなに持ってほしい。

だから私は、選手たちに「日本一になりたいなら、日本一の練習をせえ」とよく言う。そして「日本一のトンボをかけられるようになれ」「日本一のラインを引けるようになれ」と技術面、体力面以外の部分での成長も求める。すべては、それぞれの根気強さ、我慢強さにつなげてほしいからである。

第1章でご説明した本校の名物メニューである「三角ダッシュ」も、体力を付けるのと同時に、ちょっとやそっとでは諦めない精神力を身に付けてもらう狙いもある。

一球に対する集中力、さらにチームの一体感を磨くための練習として、オフシーズンに「全員でのボール回し」を、大会前には「一球ノック」をよく行う。

本来、ボール回しは内野手だけで行うものだが、うちの「全員でのボール回し」はその名の通り、内野手も外野手も一緒になってボール回しをする。みんなで声を掛け合いながら、盛り上がることで一体感を育む。

「一球ノック」は、実戦に即した試合形式のシートノックである。ボールを捕るために、あるいはカバーリングをするために、「次」を考えて一球に対して全員が動く。これは、投球後の野手の反応を高めるための練習である。

100本ノックなどのように数をこなす練習をしておけば、指導者としては安心感が得られる。確かに、時には数をこなす練習も必要ではあるが、それがすべてになってしまうのは間違いである。数をこなす練習は、指導者が思っているほど実際には効果を得られにくいものだ。

うちで行っている「全員でのボール回し」「一球ノック」は、時間がかかる。個々の選手に対して「数をこなす練習」を行ったほうがよほど効率的、合理的である。しかし、根気強さ、我慢強さとともに一体感を選手の体に染み込ませるには、非効率的に思えるような練習のほうが時に効果をもたらしてくれる。ただ、こういった非効率的な練習を行うには、指導者側の根気強さも求められることを忘れてはいけない。

一体感といえば、第100回大会から試合前にみんなで円陣を組んで手をつなぎ、瞑想するようになった。1回戦の智辯和歌山戦の試合前、ふと私は「みんなで瞑想しよう」と思い立った。そこで、選手たちに「手をつないでみんなで瞑想しよう」と持ちかけたのだが、気づいたら私も選手たちの輪の中に一緒に入っていた。以来、甲子園では試合前にこのルーティンを続けている。

## 「気配り、目配り、心配り」の重要性
### 野球部の宝は社会に出ても宝となる

山田のマウンドでの立ち振る舞いや所作、そしてあの高校生離れした独特の間合い。どこを取っても一級品だった。何よりも、終盤の1点もやれない場面でランナーを背負い、打者に向かっていく気迫の投球が、甲子園で多くの人の心を摑んだ。持って生まれてきたものといえばそれまでだが、3つ上のお兄ちゃんの存在が、彼には大きかったと思う。「お兄ちゃんのようにうまくなりたい」と見様見真似で上達し、いつの日か「兄貴を越え

てやる！」とライバル心が芽生えて努力したことで、ボールに魂を込められる投球ができたのだと思う。

野手は次男が大成する。長男は投手として大成するという話を聞いたことがある。長島さんや王さんが次男というのも、昔は兄弟が多かったという理由もあるのだろうが、最近は少子化の影響で圧倒的に長男が多いということになるのかもしれない。

あんな選手になりたいと憧れる選手は、まず野球が上手であるということは言うまでもないが、プレー以外の所作や立ち振る舞いが実に絵になる。自信があるから、自然と動きや顔の表情にも潑剌さが溢れる。要するにカッコいいのである。

ユニフォームを泥と汗で真っ黒にして、ひたむきにボールを追う姿が甲子園では一番カッコいいと、よく口にしたものだ。高校生の技術は二流だけど、一流選手の精神は高校生でも身に付けられるともよく言った。

上手な内野手には「カッコなんかつけんでいいんや。雑なプレーは流れを変える。丁寧に優しくボールを包み込むように摑んで、丁寧に相手が捕りやすい送球を常に心掛けろよ」「集中力を切らさず、常に最善を尽くせ」と言い、逆に下手な内野手には「もっとカッコつけてやってみろ。俺が一番うまいというような顔をしてやれ。エラーしても、『何が悪い』と笑っとけ」と送り出す。日々の練習では、上級生の核になる選手が、最大限うまくなりたいという気持ちを動きに乗せることで、全体の士気を高めることにつながっていくのだ。

また、普段いろんなことに気づけるようになるには「気配り、目配り、心配り」が大切だと私は選手たちに常々言っている。つまり、普段の生活の場やグラウンド、教室での自分を客観的に見られる力を身に付けることが重要だと思う。

自分の部屋の整理整頓をする。玄関の靴を揃える。お父さん、お母さんに「おはようございます」「いただきます」などの挨拶をちゃんとする。周囲に困っている人がいたら手助けする。ゴミが落ちていたら拾う。教室にいつもと様子の違う友だちがいたら「大丈夫か？」と声を掛ける。

普段から、こういった「気配り、目配り、心配り」をしていくことで気づく感覚は磨かれ、その気づきが野球にも生かされるようになっていくのだ。

試合中「目の前の一球」に集中するのが大切であることは言うまでもない。しかし、目の前のことだけに囚われすぎると視野が狭くなり、周囲が見えなくなりがちだ。当然のことながら、多くの気づきを得るには視野は広ければ広いほどいい。「気配り、目配り、心配り」ができるようになっていけば、バッターボックスに立った時に目の前の一球のことしか考えられなかった選手が、ピッチャーの後ろにいる野手の守備位置やバッテリーの配球などにも気づけるようになっていくはずである。

本校のグラウンドで練習試合をする時は、私たちが一塁側ベンチ、対戦相手が三塁側ベンチに入る。すると、対戦した監督さんから「三塁コーチャーが元気で、指示や声掛けも素晴らしいですね。うちの選手たちにも、本当にいい勉強になりました」とお褒めの言葉をいただくことがある。

三塁コーチャーは、得点につながる指示をランナーに出す重要な役割を担う。ランナーの走力、バッターの打力、さらには相手チームの守備位置、守備力、その時のピッチャーの状態、配球などを常に考え、その都度瞬時に判断を下していかなければならない。だから、私はうちのメンバーの中でもっとも「気配り、目配り、心配り」のできる選手を三塁コーチャーに選んでいる。

相手チームから「三塁コーチャーがよかった」とお褒めの言葉をいただいた時、私はそのことを三塁コーチャーに必ず伝えるようにしている。「三塁コーチャーでも、相手チームの印象に残るプレーをすることができる。お前は相手に認められたんだ。これはすごいことなんだぞ」と付け加えながら。相手から褒められたその選手は、きっとそのことを一生忘れないに違いない。

人間は気持ちで動く。一生懸命さは、相手の心を動かす力となる。だから、どんな時も誠意を持って相手に接することが大切なのである。

社会に出て働くようになれば、今高校生のみなさんも「気配り、目配り、心配り」の重要性にきっと気づくだろう。あらゆる職種、組織を問わず「気配り、目配り、心配り」のできる人は、その会社にとっての「宝」となる。野球部を強くするだけでなく、社会の宝となるべき人材をひとりでも多く生み出せるよう、これからも「気配り、目配り、心配り」の重要性を説き続けていこうと思っている。

## 二面性のある人間は、グラウンドで実力を発揮できない

野球とは面白いもので、プレーしている選手の気持ちがそのまま試合に表れる。

たとえば、勝っている時は「このまま終わってくれ」と受け身の姿勢になってしまいがちである。すると、その試合にその弱気が反映されて逆転劇を食らったりする。

劣勢の時にプレッシャーを感じたり、緊張したりしないようにするには、いかに「平常心」を保つかが大切だ。そのためには、普段から良い時も悪い時も心が偏らないよう、バランスを保つよう心掛けることが重要なのである。「担任の先生と俺と、挨拶する時にどっちが緊張する？」と、私はたまに選手たちに聞く。すると、選手たちは「監督です」と答える。そこで私はこう言う。

「監督にはちゃんと挨拶して、担任にはいい加減な挨拶をする。そんな二面性のある人間では緊張感のあるグラウンドで平常心が保てず、実力を発揮することは絶対にできない」

今、中日ドラゴンズで活躍している本校ＯＢの土田龍空は、二面性とは無縁の人間だった。甲子園であろうがうちのグラウンドであろうが、相手が弱かろうが強かろうが、練習試合だろうが大会の決勝だろうが、まったく変わらない。どんな時も「普通」にやれるのが、彼のすごいところだった。

土田にしろ、山田にしろ、大舞台で活躍できる選手は二面性がない。彼らは、普段から裏表がまったくなかった。だからこそ、甲子園のような大舞台でも平常心を保ち、自分の持てる力を発揮できたのだ。私自身が高校生の頃を振り返ってみると、打席で「平安の4番」を意識しすぎていたと思う。それが余計な雑念であったと今ではよくわかる。土田や山田と私とでは、心の在り方に大きな違いがあったのだ。

人として裏表を作らないことは、生きていく上でもとても大切なことである。私も経験があるが「なんや、このおっさん」と思った人が、実はとんでもなく偉い人だったということが、人生には往々にして起こる。人を外見で判断して対応をその都度変えていたら、いつかしっぺ返しを食らうことになるだろう。

「平常心を保つ」という意味においては、勝った時に喜びすぎるのも、負けた時に落ち込みすぎるのもよくない。私は選手たちに「負けた時に人間の本性が出る。だから負けた後の姿勢が大事や」とよく言う。負けた後、モノに当たるような選手は、所詮そこまでの人間だということだ。そのような選手が、チームメイトから信頼を得られるわけがない。

2018年の夏、私たちは甲子園で金足農業に2ランスクイズでサヨナラ負けを喫した。あの時、金足農業の校歌斉唱が終わると、うちの選手たちは拍手を送った。私はその事実を試合後、とある新聞記者の方から耳にした。その記者は「敗者が勝者に拍手を送る、あいうシーンを甲子園で見たことはあまりありません」と言っていた。私はそれを聞き

「選手たちも成長したなあ」と嬉しくなったものだ。

## 指導者こそ謙虚でなければいけない

この世の中にはさまざまなスポーツがあるが、中でも「高校野球」の注目度は高く、主役である選手だけでなく、時に監督も脚光を浴びる。

チームを甲子園出場にまで導いたのは、確かに監督の力によるところもあると思う。しかし、だからといって「俺がチームを強くした」「俺の言うことを聞いてさえいればいい」と横柄に振る舞ってチームを私物化したり、選手を駒のように扱ったりするのは指導者として間違った在り方である。

若ければ若い指導者ほど、このような間違った在り方になりやすい。ひと言で言えば、「天狗」になってしまうのだ。私自身、監督として最初に甲子園に出場した翌年、初戦敗退を喫した。この時は、まさに「天狗」になっていたんだと猛省した。チーム状態が良いことを、己の手柄と油断したばかりに勝たせてやれなかった苦い体験であるとともに、初戦の怖さも思い知ったものだ。

とはいえ、自分では気づいていないだけで、喉元過ぎれば熱さを忘れるは私の常で、たびたび天狗になっていた時期があったことは間違いない。「甲子園には魔物がいる」とよく言われるが、その魔物に気をつけなければいけないのは、私自身だと今では深く自覚している。

成功しても謙虚に生きる。大きな成功を収めた時ほど、調子に乗らず自らの行動を律する。成功を収めれば誰でも嬉しいし、ちやほやもされるから、そこで謙虚になるのは難しいことかもしれない。でもそんな時こそ、自分を戒めてくれる周囲の人たちの言葉に耳を傾けるようにするといい。私は選手たちに「聞く耳を持ちなさい」とよく言うが、これは自戒も込めて言っている部分が大きい。

高校野球のチームの中には、公式戦と練習試合で違うユニフォームを使用しているチームも少なくない。「セカンドユニフォーム」と呼ばれるユニフォームを用意して、それを練習試合で着用する。強豪校の中には、強いチームとやる時には公式戦用のユニフォームだが、あまり強くないチームとやる時にはセカンドユニフォームというところもあると聞く。でもそのような対応は、相手によって態度を変えているようで私は好きではない。練習試合であろうが、公式戦であろうが、対戦相手に礼を尽くすのは当然のことであって、ユニフォームを変えて対戦するのは、相手にとても失礼な行為だと思う。

甲子園にたびたび出場できるようになり、私たちのユニフォームも「近江ブルー」として広く認知されるようになった。これは、とてもありがたいことである。

第4章で詳しく述べるが、うちと練習試合をするために遠くからわざわざ来てくれる学校も多い。対戦校の選手たちは、きっと「近江ブルー」のユニフォームと戦うことをイメージしているはずだ。それなのに、私たちが違うユニフォームでグラウンドに現れたら、相手はどう思うだろうか？　だからうちでは、セカンドユニフォームを作ったことがない。

私は選手たちに「練習試合は公式戦より気持ちの上では大事や。お互いに切磋琢磨して、この試合で何か摑めるかもわからん。すごい学びがあるかもわからん。甲子園の試合も大切だが、練習試合の1試合にも学びはたくさんある。だから相手がどこであろうが、常に同じ気持ちで試合に臨まないといけない」とよく話をする。

相手によって態度を変える、気持ちを変える。これは人の弱さの表れである。先ほど「裏表なく生きる」ことの重要性をお話ししたが、自分の弱さに気づくことのできた人はその分成長できる。私は指導者として、そのことを選手たちに伝え続けている。

## ミーティングでは、野球のことより「人としてどう生きるか」を説く

私が普段行うミーティングでは、野球に関することよりも「人としてどう生きるか、どうあるべきか」を話すことのほうが多い。試合に負けた後も、その理由を問いただしながら話を進めるのだが、最後にはやはり「人として」というところに行き着く。私は話し出したら止まらなくなるタイプのため、かつては2時間を超えるミーティングも珍しくはなかった。

近年、武人画師として注目を集めている「こうじょう雅之」はうちのOBである。1996年に甲子園に出た時のメンバーで、その時は1回戦で早稲田実業と当たり1－6で敗れた。雅之がいた頃の私は、ミーティング時間がもっとも長かったかもしれない。雅之が言うには、当時のミーティングの最長は2時間40分。少し前に彼と会った時、笑いながら

「立ちながら寝ることを覚えました」と話してくれた。

私も、このミーティングはよく覚えている。和歌山で行われた近畿大会に負け、夜8時頃に学校に帰ってきてからミーティングを行った。負けた鬱憤もあって、話し出したら止まらない。しばらくして伊東前部長が「監督、そろそろ終電の時間です」と耳打ちしてきて私も我に返り、ミーティングは終わった。

最近はミーティング時間を短くしようと心掛けているが、はっと気づくと1時間くらい話している時がたまにある。今はミーティングなどもコーチに任せることが多いので、自分がやる時はどうしても熱が入ってしまうのだ。

野球の戦術、戦略、技術論をテーマに話し始めても、途中からは人間性を高める話にどうしてもなる。全国で勝ち上がっていくようなチームの選手は、野球がうまいというだけではなく、普段の生活面でも他の模範となって人間性を高めるようなことをしているはずだ。甲子園は、野球だけやっていれば辿り着ける場所ではない。

甲子園で活躍したとしても、学校に戻ればひとりの高校生である。野球部が甲子園に出れば、他の生徒たちもみんなで応援に駆けつけてくれる。その感謝を示す意味でも、学校行事などがあれば誠心誠意、しっかり貢献することが大切だ。

通学中、野球部のバッグを担いでいれば、周囲の人たちは近江の部員だと気づく。いつも、どこかで、誰かが自分たちのことを見ている。だからこそ、謙虚な姿勢で生活する。「学校の中でも外でも、野球部員である前に近江の生徒、高校生であることを忘れるな」と、選手たちには口酸っぱく言い続けている。

高校野球の指導において「技術が先か、心が先か」と聞かれれば、私は「分ける必要はない」と答える。若い頃は「授業が終わったら野球に切り替えろ」と選手たちに言っていたこともあった。しかしそれは、指導者の勝手な言い分に過ぎない。勉強と野球、生活と野球を切り離して考える必要はまったくなく、すべてはどこかで必ずつながっている。そういう事実に意識を向けさせる、気づかせることも指導者の大切な役割なのだと思う。

## 監督として一年で一番辛い日

夏の大会が始まる直前の6月、全部員に対してベンチ入り（20名）のベストメンバーを聞く投票を行っている。自分を客観視して、そこからどう進んでいけばいいかを自分で考えるのは、とても大切なことである。だから、私はこの投票を毎年行っている。

この投票結果を見て、私が自分の考えを変えることは基本的にはない。しかし、私の中で当落線上にある選手が、自分のことをどのように判断しているかはしっかり見る。投票に自分の名前を書いているのか、いないのか。そこが大事なポイントである。自分の名前を書かずに、他の選手の名前を書いている者は、自分を犠牲にしてでもチームのために尽くしてくれるタイプが多いからだ。

私がベンチ入りメンバーを考える時の、背番号とポジションの割り振りはだいたいこんな具合である。

1〜9　レギュラー
10・11　エースに次ぐピッチャー
12　控えキャッチャー
13〜15　控え内野手
16　控え内野手or外野手

17・18　控えピッチャー
19　控えピッチャーor控え野手
20　3人目のキャッチャー

これを見ればおわかりいただけると思うが、16〜19あたりの選出にいつも頭を悩ませる。悩んだ時は、選手たちの投票結果を参考にさせてもらうこともある。

また、20名の登録枠に「三塁コーチャーがうまい」とか「ベンチを盛り上げるのがうまい」など、野球のプレー以外の要素で秀でた選手を入れることもある。だから、選手たちには「何でもいいから、『ここだけは他の選手に絶対に負けない』という部分を持て」といつも話している。

野球の技術はレギュラー選手より劣るものの、人間性に優れ他の選手たちから信頼されている選手を、ベンチ入りメンバーに選ぶこともある。ところが、そういった選手に限って「監督、選んでいただいてありがとうございます。でも、ぼくはここまでみんなと一緒に野球ができただけで十分です。だから、ぼくの代わりに○○を入れてやってください」と進言してくる。私が監督としての喜びを感じるのは、こういう瞬間だ。試合に勝利した時ももちろん嬉しいが、このような選手に出会えた時「素晴らしい人間に育ってくれたな」と感動して、思わず涙が込み上げてくる。こういった申し出があった際、私はその選手の思いを汲み「代わりに入れてくれ」と指名してきた選手を選ぶようにしている。

夏のメンバー発表は、一年でもっとも頭を悩ませる日である。この作業を30年以上続けているが「これでよかった」と思えた日は少ない。発表した後は、選ばれなかった選手たちに対して申し訳ない気持ちでいっぱいになる。だが監督を続ける限り、この苦悩とは無縁でいられないことも私は十分に理解している。

第4章

# 好投手の条件

## 真のエースとは

## 好投手の条件

### 好不調の波を小さくする投げ方

夏の県大会の登録枠は20名だが、そのうちピッチャーはだいたい4～5名は入れている。理想では右3枚（そのうちひとりがサイドスロー）と左2枚を揃えたい。

私が考えるピッチャー向きの体つきは、背が高く八頭身的な体型だ。さらに、なで肩で腕が長ければ言うことなし。また、マウンド上での立ち姿、佇まいなどもいいピッチャーは独特の雰囲気を持っている。ピッチャー希望の新入生でこのような体型、雰囲気を持っている選手がいれば「この子は伸びるかもしれない」と期待を抱く。

近年の近江を代表するエースである林と山田は、今挙げたピッチャー向きの体つきに当てはまらない個性的なピッチャーである。ふたりともピッチングフォームのバランスがよかったのは共通しているが、山田は気迫の投げっぷりで、林は足の上げ方を工夫するなどして見た目でバッターに威圧感を与えていた。

また、いいピッチャーに共通している部分として、球質でいうところの「キレがいい」という点が挙げられる。ボールに指がしっかりかかり、回転数が多くなるとキレが生まれる。ストレートの球速が140キロ出なかったとしても、打者の手元で伸びるキレのあるボールであれば、膝元へのコントロールに磨きをかけると高いレベルでも十分に勝負できるのだ。

いいピッチャーの共通点はまだ他にもある。いいピッチャーは、リリースポイントが安定していて幅が広い（球持ちが良い）。だから、球質の良いストレートをストライクゾーンに投げ込める確率が高いわけだ。さらには変化球にもキレが出て、打者の手元で鋭く変化する。つまり、打者近くまではストレートと同じ球筋で来るため、打者にはより捉えるのが難しくなる。

指にかかるリリースポイントを身に付けるためには、下半身主導のバランスの良いフォームで投げられることが大前提であるが、腕の振りは6~7分くらいの力で、全力投球をしなくても指にかかる感覚を、キャッチボールの段階から辛抱強く投げて摑んでいくしかない。

オーバースローの中でも、本当に真上から投げると円運動となり、リリースが早くなる傾向（球速を上げたい意識と、角度を付けたい意識による）になるのは、いいリリースポイントの幅が狭いからである。楕円形運動だとリリース幅が円運動より広いため、高さのコントロールが付きやすくなる。うちの投手陣にも、オーバースローで好不調の波が激しいタイプの選手がいる。私はそういった選手には、「スリークォーター気味に投げてみろ」と進言することがある。スリークォーター気味の投げ方は、オーバースローよりもリリースポイントの幅が広がる。実際、オーバースローからスリークォーターに変えて、よくなったピッチャーは過去にもいる。もし、本書をお読みの球児の中にオーバースローで悩んでいる人がいたら、スリークォーター気味に投げてみることをおすすめしたい。

## 大舞台のマウンドで輝けるのが真のエース

ピッチャーを育成する上で、ピッチングフォームやコントロール、体力、スタミナなど育んでいかなければならないポイントはたくさんある。しかし、数ある育成ポイントの中で、私がもっとも力を入れているのはピッチャーの「人間的な成長」である。

勝ち上がっていけばいくほど、ピッチャーにかかる重圧は大きくなる。甲子園に行けるか、行けないか。その成否の鍵を握っているのは、ピッチャーだといっても過言ではない。10代の普通の高校生では、それだけの重責を担うことはなかなか難しい。だからこそ、私はピッチャーに人間的な成長を求めるのである。「俺がこのチームを勝利に導くんだ」といった責任感、心意気が普段からの生活姿勢に出てこないと、実際の公式戦で登板させることはできない。心技体で言えば、技術、体力はもちろん大切だが、ピッチャーに求められるのは何よりも心、ハートの部分なのだ。

山田は甲子園で活躍することによって、ドラフト指名されるまでの選手に成長した。彼のピッチング技術、球威、マウンド捌き、気迫といったものは、大舞台を勝ち上がっていく中で磨かれていった。

意外に思われるだろうが、実はブルペンでの山田は、そこまですごい投手には見えない。140キロを超えるストレートを投げてはいるが、「おお!?」と目を見張るようなピッチングをしているわけではない。山田はブルペンでは、もっと球速を上げようとフォームを改良し、貪欲に高みを目指す向上意欲に溢れてギラギラしていた。だから、いいボールを投げても満足などしない。まだまだこの程度ではプロでは通用しない、と客観視できる物差しを持っていた。それに加えて、アドバイスを聞き入れる素直さはもちろんだが、修正しようとする柔軟な心も持ち合わせていた。

ブルペンでは素晴らしいピッチングを見せるのに、実際の試合では本領を発揮できずに打ち込まれて敗戦投手となってしまう。そんなピッチャーのことを「ブルペンエース」と呼んだりするが、ブルペンでは普通の投手に見えるのに、公式戦や甲子園のマウンドに上がると大エースへと変貌を遂げる。私は、山田のように大舞台のマウンドで光り輝くのが真のエースだと思っている。

では、ブルペンエースは、なぜ本番ではダメになってしまうのか。その答えはひとつ。ピンチで打たれることが怖いから、攻めの投球ができないのである。ブルペンでは、自分のボールに見惚《みと》れるほどのいいボールを投げる。だから自惚《うぬぼ》れる。そして、試合で打たれたのは、本来の自分のボールではなかったからだと心の中で言い訳をする。よって、一向に成長しないのだ。

何度も繰り返すが、山田は普段の生活から自分を律し、裏表なく誰とでも接し、先生や友人からも大変好かれている人物である。「甲子園が味方に付いている」とコメントしていたが、多くの方々からの熱い声援を大きな力に変えることができるのは、そういったベースがあったからである。だからこそ、甲子園という重圧のかかる大舞台で彼は真のエースとして活躍できたのだ。

監督となってから今まで、真のエースを目指すピッチャーには「人間的な成長」がいかに大切かをずっと説いてきた。ピンチであればあるほど力を発揮する。これがエースである。普段の練習態度から、昨日の自分を今日は超えるんだと挑戦し続ける不屈の姿勢が、仲間からの熱い信頼を得るのだ。彼らの間には「山田が打たれて負けるなら仕方ない」。そんな絆があった。山田のように人間的にも素晴らしい選手は滅多に現れるものではないが、うちに入ってくるすべてのピッチャーに、山田のような真のエースを目指してほしいと私は願っている。

## 継投策を用いるなら、最終回はエースに任せたい

### 絶対的エース・山田の優れていたポイント

第1章でお話ししたが、2001年の「3本の矢」と2018年の「4本の矢」は、ともに投手陣が豊富だったからこそできた継投策である。ピッチャーがそれなりに揃っていなければ、やはり怖くて継投策を用いることはなかなかできない。

「3本の矢」は全員3年生だった。一方「4本の矢」の時は大活躍した林が2年生で、他の3人が3年生。この時は正捕手の有馬が2年生だったが、3年生のピッチャーたちも有馬には一目置いていた。だからこそ、バッテリーの歯車が噛み合い、夏の甲子園で準々決勝まで進むことができたのだ。

毎年、多彩なピッチャーが揃えば継投策で戦っていけるが、現実的には難しい。だから私は、今までずっと継投策を用いて勝ってきたわけではなく、山田のような絶対的エースにほとんどの試合を託したこともあった。継投を多用する年もあれば、先発完投を目指す

年もある。私はその年ごとに投手陣の状況を見ながら、柔軟に対応してきたつもりだ。

継投策を用いる場合、「終盤はエースに任せたい」と私は考えている。継投がふたりでも3人でも、1点リードの最終回を任せるのは背番号1。やはり、エースがマウンドに立っていてほしい。

最終回となる9回は特別なイニングだ。私は今まで、その最終回で何度も痛い目にあってきた。とくに、甲子園の9回は特別である。球場全体が異様な雰囲気となり、時に流れを大きく変える不思議な力が働く。だから、うちの「1番」を背負うエースには最終回の重圧をはねのけ、あの異様な雰囲気にも流されない強靭な精神力も求める。

2022年は春、夏ともに甲子園に出場することができたが、絶対的エースである山田にほとんどの試合を託した。山田の代の投手層がもう少し厚ければ、私はきっと山田をクローザーに抜擢していたと思う。重圧がかかればかかるほど、山田は闘争心を燃え上がらせて相手に立ち向かっていく。あの何者にも屈しない強靭な精神力は、まさにクローザー向きだ。

精神力以外の部分でも、山田には優れた点があった。彼はピッチャーとして、独特の間合いを持っているのだ。しかし、その間合いは本当に微妙なものなので、対戦するバッターからすると、そのわずかな〝間〟に気づいていないかもしれない。あのような高度な技は、高校生には難しい。山田のあの独特の間合いは、プロの間合いといってもいいと思う。ピンチの場面では、普通は早く切り抜けたいという思いからどうしても投げ急いでしまう。甲子園ではとくにである（負けているチームを自然と後押しするのが甲子園）。山田は、そういった空気を読む術にも長けているので、間を外すのもうまかった。

もうひとつ、フィジカルな部分でいえば、山田はとても体幹が強く、筋肉が柔らかいため肩の可動域も広い。そんな彼の抜群の運動能力をさらに生かすため、2年の冬からピッチングフォームを見直した。それまでの彼はやや上半身に頼る投げ方をしていたが、修正してからは股関節がうまく使えるようになって体重移動もスムーズになり、球威、キレ、スタミナともに格段にアップした。

みなさんご存じのように、山田は力投型のピッチャーで力を抜くことをしない。ただ、ストレートも変化球も同じ腕の振りなので、バッターは球種が読みづらい。同じ腕の振りでいろんな球種を投げられるのも山田の強みである。

プロとなってトレーニングを積んでいけば、ここで挙げた山田の優れたポイントにはより磨きがかかっていくはずだ。ひとりのファンとして、一軍のマウンドで躍動する山田の姿を心待ちにしている。

## 投げる筋力、体力、スタミナの付け方

「ピッチャーの投げる筋肉、体力、スタミナは、投げることでしか付けられない」

これが私の持論である。

毎日、150球のピッチング練習（下半身主導で、腕の振りは5～6分の力で毎分7～9球のペースを保つ）をすれば、間違いなくスタミナが付くし、いいフォームも身に付く。ピッチング練習で、球速だけを追いかけて全力で150球も投げ込んだら、次の日に投げれないのは当たり前だと思う。

今では、高校生で140キロを超える投手は珍しくなくなってきたが、そのボールをストライクゾーンにコントロールできないと試合では勝てる投手になれないということが、高校生はわかっているようでわかっていない。私は、投手と捕手がチーム内で一番いいキ

ヤッチボールができていないと、その延長線上にあるピッチングは良くなるはずがないとよく言う。

1分間に7~9球のペースで120~150球を投げる、ほぼキャッチボール的なこのピッチング練習は、キャッチャーも捕球からスローイングまで正確かつ速い動作が要求されるので、キャッチャーのほうも良くなるケースが多い。これは、今の時代にはそぐわない練習かもしれない。20分もかからないが、指導者が張り付いていないと選手だけでは難しいものなのだ。しかし、この練習を正しく継続していけば下半身の割れができ、スムーズな体重移動によって自然に腕が振れるようになりボールにも力が伝わる。指にかかった糸を引くような質のいいストレートが投げられるようになるし、根気強さが要求されるため自然といい集中力(目線が定まる)を生み出し、コントロールが格段に良くなるのだ。

試合において50球投げた後、次の50球も同じように投げられる。そして次の50球も難なくこなし、150球を投げ切った後も投げようと思えば200球同じように投げられる。これが、理想的なピッチャーだ。下半身は相当疲れているが、肘や肩は問題ない。これこそが、下半身主導の投球といえるのではないか。

球速を追いかけて50球全力投球し、肩や肘にかなり負担が来ているのに次の50球も同じ球速のボールを無理やり投げようとすれば、痛めてしまうのは必然であろう。無駄に力を入れて投げているから、必要以上に体力を奪われる。要は下半身をうまく使えず、上半身の力に頼って投げているから疲れるし、肩や肘を痛めてしまうのである。

腕をしっかり振るには、下半身をうまく使う必要がある。一流のピッチャーは下半身の使い方がうまいので、下半身が疲れても上半身は疲れない。だから100球投げた後でも、余力で次の50球を投げられるのだ。

うちの投手陣にも当てはまる者がいるが、普通のピッチャーは100球投げたら「今日はよく投げたな」で終わってしまう。これは私の考えているピッチング練習とは程遠く、「ただ投げているだけ」に過ぎない。このような練習には、効果がないといっていい。

1分間に7~9球のペースで、120~150球を投げる練習を毎日（3勤1休で）続けていると、体全体を効率的に使う投げ方を、頭ではなく体で覚えるようになる。このピッチング練習は、上半身の力だけではとても15~20分で投げ切ることはできない。急ぎながらも下半身をしっかり使うことで「疲れないピッチングフォーム」が身に付くのだ。

繰り返しになるが、このピッチング練習はキャッチャーも「捕って返球する」という動きをリズムよくこなしていく必要がある。もし、この練習を試そうと思うならば、バッテリーのふたりが練習の意図をちゃんと理解しておくようにしてほしい。

うちからプロ入りを果たした林にしろ、山田にしろ共通点は、甲子園で日本一になってプロの世界で通用する選手になる、という高い目標を掲げていたことである。そしてその高みに向けて、心の中に自分なりの教科書を持って挑戦し続ける愚直さがふたりにはあった。仲間たちを、後輩たちを、彼らは自らの背中で引っ張ってくれた。感謝しかない。

## 継投を成功させたふたりの名捕手

### 高校野球は黒子に徹することのできるキャッチャーが必要

ここまで述べてきたように、チームが勝ち上がっていくには継投策が必要な時もあれば、絶対的なエースに任せる場合もある。

その都度、チームの置かれた状況を見ながら継投策で行くか、先発完投で行くかを決めているのだが、継投策を用いる場合には「いいキャッチャー」の存在が必要不可欠である。

２００１年夏の甲子園、「３本の矢」で準優勝した時には小森博之（現コーチ）がいた。

また、2018年の「4本の矢」でベスト8を記録した時は有馬諒がいた。ふたりはタイプこそ違うものの、近江を代表する名捕手だったことに変わりはない。

小森はもともとピッチャーとして近江に入ってきたが、途中でピッチャーからキャッチャーに転向した。転向後、キャッチャーとして入部してきた下級生に抜かれてしまいそうになった時もあった。だが、小森は自分が下手だと自覚していたからこそ必死に努力を重ね、正捕手の座を勝ち取ったのだ。

また、小森は性格が図太かった。彼はキャプテンも務めていたのだが、私はキャプテンと正捕手というふたつの大役を彼に背負わせるのは、荷が重すぎると思っていた。そこで「キャチャーに専念して、キャプテンは他の選手に譲ったらどうや」と言ったのだが、彼は「両方やります」と譲らなかった。

甲子園に出た時は、試合後のインタビューでの小森の受け答えが素晴らしく、勝ち上がるごとに彼の注目度が高まっていった。また、小森はそれまでの努力が実り、ピッチャーが暴投をしてもそれを体でしっかり受け止められるようになっていた。甲子園では、そんな彼のひたむきな姿を見て、マスコミが「愛情キャッチング」と呼ぶようにもなった。

小森がキャプテンとしても、正捕手としても認められるようになった要因は、そのひたむきさと図太さにある。滋賀県勢初の甲子園準優勝を遂げたことで、私は小森をキャプテンのままにしておいて本当によかったと思ったものだ。

２０１８年に４人のピッチャーの女房役として奮闘してくれたのが、林と同学年（当時は2年生）の有馬だった。

有馬の人間性を、ひと言で言い表すなら「大人」である。いつも沈着冷静で思慮深く、自分を二の次に置いて周囲のことを考えていた。

私は、林と有馬がブルペンでピッチング練習をしている様子を見て、2度泣いたことがある。長い間監督をしてきた中で、ピッチング練習を見て感動して涙を流したのは林―有馬のバッテリーだけだ。ブルペンで有馬がうまく声掛けをしながら、林を乗せていく。林は有馬の声に応え、素晴らしい投球を連発する。私はその様子を見ながら「これが信頼関係で結ばれた真のバッテリーだ」と感じた。「大阪桐蔭打線を抑えてくれるのはこいつらや」とも思い、見ていて胸が熱くなったのである。

金足農業との準々決勝は、最後に2ランスクイズを決められて敗れた。あの時、マウンドにいた林は有馬の出したサインに首を振った。普段から、林が有馬のサインに首を振ることは滅多になかったし、あの大会を通じても林が首を振ったのはあの一球だけだった。

有馬はスライダーを要求して、林は首を振ってストレートを投げた。「もし、あの時自分が有馬のサインに首を振らず、スライダーを投げていたら……」と、林はあの一球を今でも悔やんでいる。

有馬と林は、互いに切磋琢磨しながら素晴らしい選手に成長してくれた。有馬は2023年春現在、関西大で野球を続けているが将来、間違いなくプロ入りする逸材である。

小森、有馬ともに共通しているのは、人間性に優れ、周囲から信頼されていたことだ。高校野球において必要なのは「目立ちすぎるキャッチャー」ではなく、「黒子に徹することのできるキャッチャー」だと私は考えている。

目立ちすぎるキャッチャーは、自分を主張することばかりに気を取られ、ピッチャーのいいところを引き出す作業が疎かになりがちだ。とくに継投策を用いる場合、それぞれのピッチャーはタイプも性格も異なる。そんな投手陣に、得手不得手を感じることなくピッチャーのプライドを尊重し、監督の意図も汲み取りながら自分は黒子に徹する。ピッチャーが主役であり、自分はあくまでも脇役であると考えられるキャッチャーのほうが、高校野球ではうまくいくように思う。

## ピッチングの基本とバッティングの基本は共通している

私が普段、選手たちに教えている「ピッチングの基本」と「バッティングの基本」がある。これは、知人である近畿大学硬式野球部の田中秀昌監督から教わったものだ。

勉強家の田中監督は、以前ロサンゼルス・ドジャースのスプリングキャンプに、教え子の黒田博樹（広島―ドジャース―ヤンキース―広島）の視察に訪れた。その際、ドジャースのコーチに「基本的にどういうことを教えているんですか？」と聞いたところ、6つのポイントを教えられたそうである。

田中監督は「多賀さん、メジャーも高校野球も教えるべき基本は変わらないよ」と言っていた。以来、この教えは私の宝になっている。

ピッチャー、バッターそれぞれにドジャースのコーチが教えているという、「6つの教え」をここでご紹介したい。

**［ピッチャーへの6つの教え］**

①　打者に向かっていく気持ち
②　バランスのいいフォーム
③　頭を動かさない（頭の位置がブレない）
④　目線
⑤　ボールを低めに集める
⑥　懐を攻める

**［バッターへの6つの教え］**

①　投手に向かっていく気持ち
②　バランスのいいフォーム
③　頭を動かさない
④　目線
⑤　トップの位置

## ⑥　最短距離

①から③までは読んで字のごとくだが、④の目線とは、右投げのピッチャーならしっかりと左目でミットを捉え、目標との間にラインをイメージして、それに沿って投げたボールがミットに入る時は、右目で確認することを意味している。目線がいいピッチャーは自然とコントロールもよくなる。

また、ピッチャーもバッターも目標物を捉えた時の目線は上目遣い、つまり顎をやや引いた状態にしなければならない。投げる時も打つ時も、顎の上がった状態ではいい動きができない。バッターが高めのボール球に手を出してしまうのは、顎の上がった目線でボールを捉えているからである。

⑤と⑥はピッチャーとバッターで違うが、ピッチャーの⑥は、バッターのインコースを攻めるということ。バッターの⑤と⑥は、理想のトップの位置（高くもなく低くもない位置。右バッターならグリップの位置が右肩の高さくらい）から、打つポイントまで最短距離でバットが出てこなければならないことを意味している。

私はこの動きを選手たちに伝える際、「打つポイントまでバットを持ってくる時に、できるだけ右手が上になるように意識しなさい（右バッターの場合。左バッターなら左手）」と言っている。レベルスイングを意識するあまり、振り出した時の右手と左手の高さが早い段階で同じになってしまうと、左脇が空いてヘッドが下がり、結局バットが遠回りして出てくることになる。それを避けるためにも「できるだけ右手が上のままで」、バットを立てて振るようなイメージでスイングすることが大切なのだ。オーバーに言えば、150キロの投球を打つには、右バッターなら自分の踏み出した左足をバットで叩くくらいのテ振りを意識しないと、ボールを捉えることはできない。つまり、そのくらいの意識を持って、最短距離でバットを振ろうとすることが重要なのである。

この6つの教えは野球の基本中の基本であり、こういったことを小学生のうちから球児たちに教えることがとても重要だと思う。

④の目線に関して、もうひとつ付け加えておきたいのだが、目線が大事なのは投球だけではなく、野手の送球においてもとても重要な概念である。目線がよくなれば、送球が乱れることも少なくなる。

トヨタ自動車で39歳の現役ピッチャーとして活躍している佐竹功年投手は、投げ方がいわゆる「野手投げ」と呼ばれる投げ方だ。通常はボールを握った手を一度下げ、そこから振り上げるようにして投げるが、佐竹投手は野手のようにボールを握った手が下がらず、テイクバックの時に手の位置は肘より高いままで投げる。佐竹投手は身長が169センチと小柄だが、40歳目前の今でも140キロ台後半のストレートやキレのある変化球を、抜群の制球力でバッターの膝元に投げ込む。ちなみに、トヨタ自動車は2022年の社会人野球日本選手権において、佐竹投手の活躍もあって4大会ぶり6度目の優勝を果たした。

野手投げのピッチャーはコントロールがいい。キャッチャーが盗塁を刺す時のセカンドへの送球も、野手投げだから素早く、正確で速い送球ができる。

巷では、ピッチャーの野手投げはよくないと言われることもあるが、佐竹投手の例もあるように、私は野手投げでもまったく問題ないと思っている。

第5章

# 一体となるための近江の練習と戦術

## 与えられた環境で最善を尽くす

### 本校の施設と練習スケジュール

本校は、校舎のすぐ脇に国宝彦根城を望むグラウンド（写真①）があり、平日は16時頃から練習がスタートする。グラウンドのサイズはレフト100m、センター120m、ライト93mとなっており、ライトがやや狭い作りだ。

このグラウンドを含め、本校の練習施設を挙げると、

・グラウンド
・室内練習場（写真②　27m×10m。ブルペンとして使うなら2本取れるくらいの大きさ）
・屋外ブルペン4本（写真③④　一塁側3本、三塁側1本）
・ウエイトルーム（写真⑤⑥　各種マシン、バーベル、ダンベルなど）

である。

室内練習場は、初めてセンバツに出場した1998年に作られた。センバツ出場直前の

ライト側後方には国宝彦根城がそびえ立つ

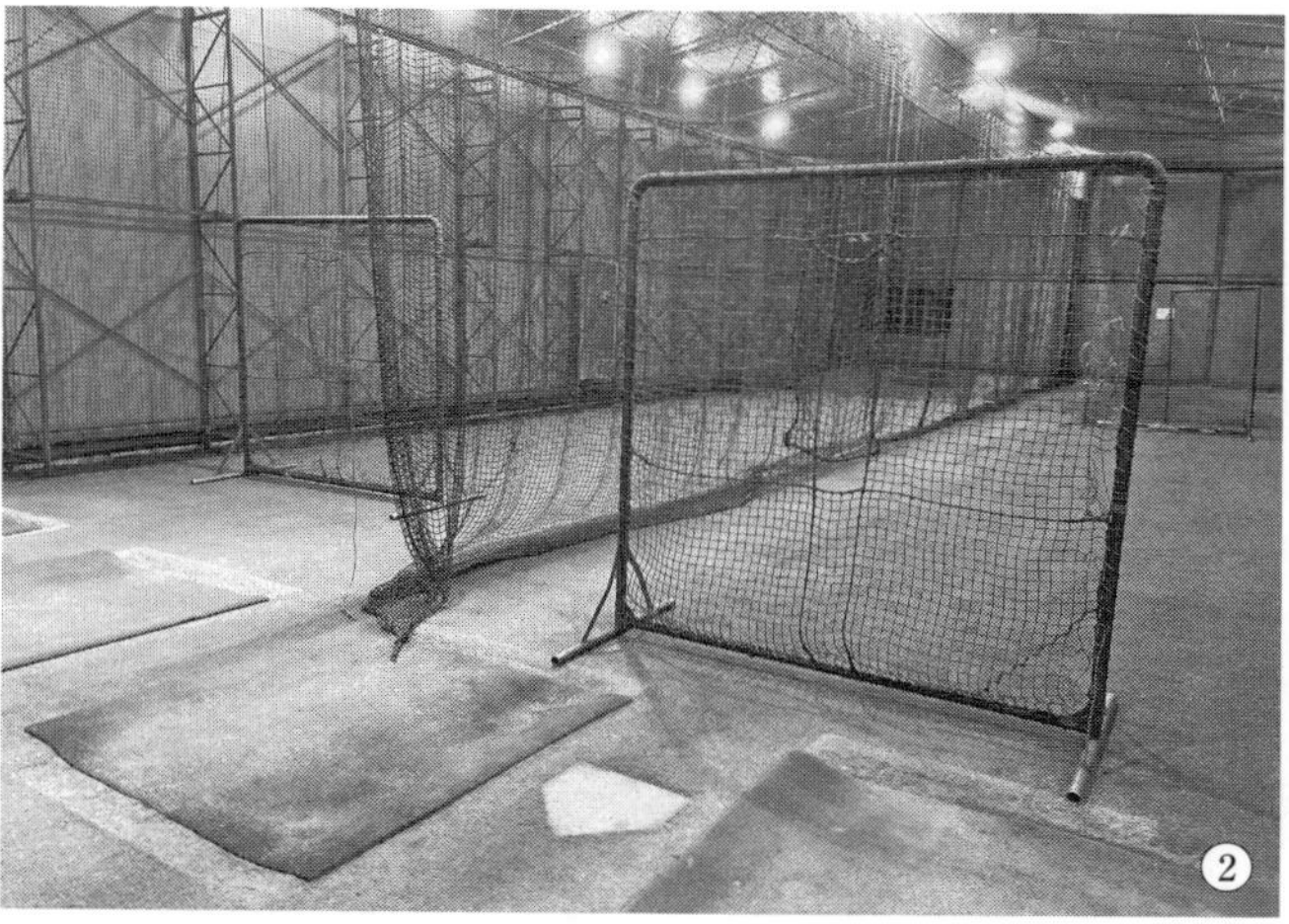

人工芝が敷き詰められた室内練習場

多くの好投手を生み出したブルペン

各種器具が充実したウエイトルーム

2ヶ月間、雪や雨が降ってもピッチング練習などができるようにと、仮設の室内練習場を導入したのだ。今、室内練習場として使っているのは、その仮設を常設にした（床を人工芝などにして）ものである。

本校のもっとも恵まれている点は、グラウンドが校舎（食堂・寮）と隣接していることである。授業終了後すぐに練習できるし、さらには練習後すぐに食事を取ることもできる。このメリットは大きい。

与えられた環境の中でどうしていくかを、選手自身が考える。もちろん私たち指導陣も、練習メニューに関して創意工夫をしていかなければならない。だが何よりも、選手たちがそれぞれに試行錯誤して、主体的に練習に取り組んでいくことが大切だと思う。

平日の練習では、シートノック、シートバッティング、フリーバッティング、三角ダッシュといったメニューは毎日行っている。

フリーバッティングはゲージを4基設置して、ピッチングマシン2ヶ所、手投げ2ヶ所で行う。8人が1グループとなり、1班にかける時間は12分間。それを4班（計32人）で行うので、フリーバッティングにかかる時間はおよそ50分である。

内野の範囲を照らすナイター設備はあるので、シーズン中の内野ノックは暗くなってから行うことが多い（外野ノックは明るいうちに行う）。冬場は日が短くなってくるので、シートノックの後にシートバッティングは行わず、フリーバッティングに移る。

毎日行っている三角ダッシュ（1周約３００ｍ）は、ひとり9本をノルマとしている（1本を1分以内に走り切る）。野球の9イニングに合わせて9本走っているのだが、膝などへの負担を考慮して6本に減らした時期もあった。だが、今は原則として9本走る。

全体練習は16時から始まり、19時30分には終わる。その後、食事を取って21時までは自主練習時間に当てている。

雨の日の練習に関して、実は「こういうことをする」という明確なメニューはない。ピッチャーは室内練習場でピッチングをするのが通例だが、野手はその都度、校舎の階段・廊下・自転車置き場などを使って、さまざまなやり方で下半身主体の体力トレーニングを行う。私がメニューを組んで、それをやらせるというようなことはしていない。選手が3グループに分かれて、それぞれのリーダーがメニューを考えて取り組んでいる。

現在の部員数は、各学年30名ほどである。指導陣は監督である私と、武田弘和部長、小森博之コーチの3名。先にも述べたが、武田、小森ともに私の教え子だ。練習は実質この3名で見ているが、外部スタッフとして選手たちの体のメンテナンスをしたり、トレーニングメニューを考えたりするトレーナーが状況に応じて訪れ、我々をサポートしてくれている。

## シーズン中は実戦、オフは体を大きくすることに主眼を置く

かつて部員数が120名を超えていた時代には、平日の練習で部員を4チームに分けて総当たり戦をしたりしていた。部員数が100名程度の現在は、私が「攻撃側」「守備側」とチーム分けをして、ノーアウト・ランナー一・二塁、あるいはワンアウト・ランナー一・三塁など、状況を設定した実戦的な練習を行っている。近年はタイブレーク制が導入されたこともあり、延長戦でのタイブレークを意識した練習も多く取り入れている。

シーズン中はそういった実戦的な練習をメインにしているが、シーズンオフは体作りに主眼を置く。琵琶湖の東岸に位置する本校は福井県に近いものの、北陸に比べると降雪量は少ない。ただ、年によってどかっと降ったりする時もあり、冬場の天候が非常に読みづ

らいのが彦根エリアの特徴といえる。

体作りにおいて、私がウエイトトレーニングより重要視しているのは、実際に打ったり投げたりしながら体を鍛え上げていくことである。

平日は前項で述べたような練習をして、試合のなくなる冬場の土日は徹底して体作りを行う。土日ともに午前、午後に3時間ずつの練習タイムを設ける。練習タイムは全部で4コマとなり、そのうちの1コマを自分で考えたメニューに取り組む自主トレタイムに当てている（日曜午後が多い）。

自主トレ以外の3コマの練習では、晴れていればボールを使った練習（バッティングと守備の両方）をする。ただし、気温が5度以下の時はノックはせずにバッティング練習だけを行う。ノックを行わないのは、野手のケガ（肩、肘など）を防ぐためである。

オフシーズンの練習において、バッターは1日1000スイングを、ピッチャーは1000〜1500のシャドウピッチングを目標にしている（下半身100％の意識で行う。投手は、投球動作の中で意識するポイントとして、まず100％全体重を軸足1本に乗せて立つ。そして踏み込んだ前足で、100％全体重を受け止めて1本で立つ）。この100・100が実際の投球動作でバランスを保ってできるようになれば、高校生レベルでは

Sランクといえよう。

ピッチャーに関しては、学校の近くにある弁天坂や松原海岸の砂浜で走り込むことによって、下半身強化を図る。ピッチャーにとって大切な下半身の強化とともに、ひとり黙々と自分が決めたノルマをやりきることで、不屈の精神力も養われるのだ（群れるタイプは投手には向かない）。

また、バッターは、ロングティーや室内練習場でのマシンを使ったバッティング練習（マシンで4分間1セットを速いペースで打たせる）を増やす。とにかく、フルスイングでへとへとになるまで打って打って打ちまくる。そして、夜さらにバットを振り込むことでパワーアップを図る。これを、継続的にやれるかどうかは本人次第だ。脚力・体幹が鍛えられると、体の軸ができる。軸回転で打てるようになれば、強いライナー性の打球が飛ばせるようになる。これが、近江スタイルの体力強化法である。

## 送球の基本
### 3段階の高さに投げ分けられるように

入部したばかりの新入生たちにまず教えるのは、守備の基本であるゴロ捕球の足の運び（フットワーク）と、スナップスローだ。ゴロに合わせて、右足（左投げならば左足）を軸としながら次に左足が入ってボールを捕り、右足でステップを入れて送球する。捕った後の右足のステップに関しては「捕った位置へ軸足を入れなさい」と教えている。

ゴロ捕球の基本を教えても、捕球、ステップ、送球の一連の動きがバラバラになってしまう選手が多い。要は、流れるようにリズムよく動ける選手が少ないのだ。だから、その動きを身に付けてもらうために、キャッチボールの時に「捕って、ステップして、投げる」という動きの反復練習を行う。

送球に関しては、まずスナップスローを身に付ける。９ｍの距離で対面して両足を肩幅程度に開き、１分間で何回できるか毎日測定する（２回行って良いほうを記録）。コンスタントに40回を超えると、高校生レベルの内野手ではかなり上手なふたりといえる。捕球から送球を流れるように素早く。これは、毎日反復練習する以外に上達の道はない。ふたりの共同作業なので、二遊間を守る選手には必須のレッスンである。

よく言われることだが、送球においては相手の胸のあたりに投げるのが基本中の基本である。うちの場合、その基本に加えて「送球は高低も大事」だと伝えている。

送球の高低に関して、具体例を挙げていこう。

・ファーストへの送球→一塁手が足を伸ばして捕れる高さに投げる
・ファーストへの牽制球→一塁手がタッチしやすい高さ（ベルト付近）に投げる。一番の理想はそのままタッチに行ける膝の高さに投げること
・キャッチャーのセカンドへの送球→野手の膝の高さに投げるのが理想

ここに挙げた送球ができるようになるために、うちではキャッチボールの時に「胸、ベルト、膝」の3つの高さに送球を投げ分ける練習もしている。普段のキャッチボールから意識して投げることが、大事な試合の「ここぞ」という場面で生きてくるのである。

実際の試合では、送球が高く逸れて、それが失点につながるというミスが起こりやすい。低い送球は捕る側も体で止めるなどして捕球できるが、高く抜けた悪送球は捕りようがな

い。だから、うちでは夏の大会が近づいてくると、あえてワンバウンドで送球するという練習も行う。

三塁手がライン際の打球に飛びつき、ファーストへ送球するのもワンバウンドにする。ショートが三遊間の深い当たりを捕った場合も同様である。横っ飛びして捕った、逆シングルで捕ったなどの後の送球は、悪送球になりがちだ。だから少しでも試合中のミスを減らすために、ノック中に意識してワンバウンドで送球する練習を取り入れるのだ。

ちなみに、先に挙げた「ピッチャーのファーストへの牽制」で膝から下に送球するために、ピッチャーには徹底して牽制の練習をさせる。足の速い走者は帰塁がヘッドスライディングの場合が多く、リード幅も大きい。そんな走者に対して、少しでもスタートのタイミングを遅らせたいなら、ファーストへの牽制は一塁手のふくらはぎあたりに投げるのがベストである。そのような牽制が続けば、それが走者へのプレッシャーとなる。

また、私は野手に「送球がよくなりたかったら、バッティングピッチャーをしなさい」といつも言っている。なぜなら、毎日バッティングピッチャーをしていれば、確実に送球がよくなるからである。

近江にいる時は外野手だったのだが、大阪工業大学に行ってからピッチャーに転向して活躍した棚橋修司という選手がいる。彼は、うちではいつもフリーバッティングのピッチャーをしていた。それで肩が鍛えられたのだろう。気づけばピュッと回転のいいボールが行くようになり、150キロ近いボールを投げられるようになった大学4年では、プロ注目の投手にまで成長した。彼は毎日100~200球を投げる中で、自然といい投球ができる体の使い方を覚えていたのだ。

読者の中で送球に悩んでいる方がいたら、ぜひバッティングピッチャーを1ヶ月程度お試しいただきたい。きっと何かしらの効果を得られるはずである。

## 1球目から振っていくのがなぜ大切なのか？

前章の「6つの教え」で述べた「相手に向かっていく気持ち」。今の子どもたちは「大人しくしているのがいい子である」という環境で育ってきたせいか、総じて闘争心、相手に向かっていくという強い気持ちが薄いように感じる。

私は選手たちに「相手に向かっていく気持ち」を持ってもらうために、バッターの場合なら「ファーストストライクから積極的に振っていけ」「カウントを取りに来る高めのスライダーを狙え」と言い、選球眼のあまりよくないバッターには「打てると思ったボールが来たら、どんどん振っていけ」と教えている。闘争心に欠ける選手の場合、1球目から打ちに行く気持ちを持ち続けることが何よりも重要なのだ。

バッターが1球目からフルスイングすることで、ピッチャーに何らかの心理的プレッシャーを与えられるだろう。また、バッターの心理面からいえば、1球目から振っていけば次も振ることができる。しかし、1球目の好球を見逃してしまうと「しまった」という気持ちが大きくなり、2球目にも手を出せなくなる。だから、1球目から振っていくことが大切なのだ。

バッターボックスに入って、仕留めるボールはただ一球である。それが1球目になるのか2球目になるのか、それとも5球目になるのかはその時の状況次第だが、とにかく1球目から打っていく意識がなければ仕留めることはできない。

いくら好投手とはいえ、対戦するピッチャーはみな高校生だ。2球連続で素晴らしいボールが来たからといって、3球目もコーナーにいいボールを決められるとは限らない。それよりも、3球目に甘い球が来る可能性のほうが高いかもしれない。その3球目にしっかりスイングできるようになるには、どんな時も積極的に振っていく気持ちを持ち続けることが重要なのだ。

試合の流れ、相手ピッチャーの実力などによっては、1番バッター、2番バッターには「ボールを見ていけ」と指示することはある。また、相手ピッチャーに球数を放らせるために、各イニングの先頭バッターに「ボールを見ていけ」と言うこともある。だが、基本的には先述したように「打てると思ったボールが来たら、1球目からどんどん振っていけ」というのが近江の野球である。私も監督として、積極的に行った結果のミスならば、あまり問題にしないようにしている。

近年の傾向として、スコアリングポジションにランナーがいる時、甘いボールが来たのに手を出さない（出せない）バッターが増えているように感じる。それは、クリーンアップに置くようなバッターでも同じだ。打席に立ったら「投手に向かっていく気持ち」が何より大事なのであって、「バットを振れ！」よりも「ボールを叩け！」のほうが、向かっていく気持ちにより近い表現だと思う。

## 好球必打の神髄

### 球種ではなく、高さでボールを待つ

バッティングに関して、私が選手たちに言い続けていることがある。それは、「140キロのど真ん中のストレートを、しっかりセンターに打ち返す。そういうスイングを身に付けろ」

ということだ。

素振りをしている時も、ティーバッティングをしている時も、フリーバッティングをしている時も、すべての場面で「140キロをセンターに打ち返す」ことを意識していなければ、このバッティングは身に付けられない。トップの位置からポイントまで、ヘッドが遠回りすることなく最短距離でバットが出てくる。これができれば、高校球児としては合格であろう。

140キロのストレートをフルスイングでセンターに打ち返すには、下半身をうまく使

う必要がある。バッティングの際、ボールを迎えに行く（体重がピッチャー側の足にかかりすぎてしまう）バッターはうちにも多い。これではいい打球は飛ばないし、打てるボールも打てなくなる。

下半身をうまく使ったバッティングとは、軸足にしっかりと重心を置き、自分のポイントまでボールを呼び込んで打つことである。〝ため〟を作れば、下半身の力が無駄なく上半身に伝わり、それが結果として強い打球になるのだ。

私の言う「フルスイング」とは、コンパクトに鋭いスイングをすることである。しかし、フルスイングの意味を履き違え、少しでも遠くに飛ばそうと大振りしている選手がとても多い。芯を外しても打球が飛ぶ金属バットなら、無駄の多い大振りでもある程度カバーしてくれるが、木製バットではそうはいかない。140キロのボールを芯で捉えるようにするには、バットがグリップエンドから出てきて、体の近くをヘッドが抜けていく、いわゆる「インサイドアウト」のスイングをする必要がある。スイングの基本といえる「インサイドアウト」を身に付ければ、バットがしなるように出てきて打球の飛距離も伸びていくはずだ。

バッターが一番捉えやすいのは、ベルト付近に来たボールである。だから、ベルト付近を中心として上10センチ、下10センチの範囲に来た「甘いボール」は見逃さず、仕留める意識で普段から練習に取り組むことが大切だ。

また、その高さに来たボールを逃さないようにするには、バッターは球種ではなく、「高さ」でボールを待つようにしなければならない。甘いボールを見逃したバッターにその理由を問うと、「待っていた球種ではありませんでした」と返してくる時があるが、その待ち方では打力も打率も上がりはしない。

練習試合で1年生を使った時、多少高めのボール球であっても初球から振っていく選手を見ると、「この子は2・3年になったらいいバッターになるかもな」という期待感を抱く。実際過去には、このようなタイプで2・3年になって打力を伸ばす選手が多かった。そういう待ち方のできる選手、初球から果敢に振っていける選手は、球種を問わず真ん中に入ってきたボールをヒットにできるようになる。逆にそういう待ち方、気持ちを持てない選手は、ど真ん中でも平気で見逃してしまう。さらに、大事な局面でも見逃して、その後厳しいボールに手を出して凡退することになるのだ。

私は、バッティングに自信のある選手には「高めは多少ボール球でも振っていっていいから」と伝えている。山田は、高めのボール球でも「いける」と思ったら、すべて振っていた。彼がホームランにしている投球の多くは、高めのボール球である。いいバッターになりたいなら、失投を見逃してはいけない。

## 走塁技術を磨くには実戦あるのみ
### 失敗を恐れずにチャレンジしていく

走塁に関して、私は机上の理論を選手に説くだけではうまくならないと考えている。走塁技術を磨くには、実戦で経験を積んでいくのが一番であろう。

普段の練習では、ゲーム形式のバッティング練習の中で走塁を覚えさせている。より実戦に近い形で判断力を磨くとともに、失敗を恐れない精神、チャレンジ精神を選手に植え付けるのだ。

三塁ランナーが、内野ゴロの時にどれだけいいスタートを切れるかというのは、チャレンジ精神があるかどうかだ。三塁ランナーは、いつ何時でも「隙あらばホームを狙う」という意識を持っていなければならない。そもそも、三塁ランナーがサインで動くというのは、私は本来王道ではないと考えている。私の野球は、ランナーが自分の判断で動くことを理想としている。そこには当然、ランナーとバッターの信頼関係も必要になってくる。

たとえば、ワンアウト・ランナー三塁の場面。相手が好投手でヒットを打つのは難しい。外野フライを打つのもちょっと厳しい。そのような場合、スクイズという戦術はもちろんあるが、私はランナーとバッターの阿吽《あうん》の呼吸によって「ゴロが転がったらゴー」（いわゆるゴロゴー）ができるようになってほしい。内野が前進守備を敷いていたなら、打球が地面に着いた瞬間、果敢にスタートを切る。タイミングはアウトでも、相手守備にミスが出れば間一髪セーフもありえる。内野手にどれだけプレッシャーを与えることができるかは、三塁ランナーの果敢に挑むチャレンジ精神にかかっている。どん詰まりの内野ゴロなら、いい守備であっても間一髪のタイミングになるのだ。こういった感覚は、実戦的な練習の中でどんどん経験しないと摑めない。だから、私は「練習中の失敗はＯＫ」と選手たちにはいつも言っている。

バッターランナーに対しては、私は常に全力疾走を求める。とくに凡打の時に、どれだけ全力疾走できるか。ピッチャーゴロを打って、全力で走らない選手をよく見かける。しかし、バッターランナーが必死で走っているのを見て、ピッチャーが焦って悪送球をする可能性も十分にある。野球は少ない可能性を広げ、それを得点につなげていくスポーツである。ピッチャーゴロで全力疾走しない選手は、得点の可能性を自ら放棄しているに等しい。

プロであっても、日本シリーズやWBCのような短期決戦では、1点を取るために必死になって最善を尽くしている。「あの時の全力疾走」が、「あの時のエラー」が勝敗を分けたという場面を、みなさんも思い出すことができるはずだ。甲子園を見ていてもお気づきだと思うが、よく鍛えられた強い学校の選手たちは、平凡なレフト前ヒットでも二塁を狙う走塁をしている。彼らはみな、「全力疾走」の大切さを知っているのだ。

また、近江の走塁のセオリーとして、ランナー二塁の場合はライナーバックを徹底している。とくに、いい当たりの時は絶対「バック」である。たとえば、三遊間にいい当たりのライナーが飛んだとする。完全に「抜けた」と判断できるライナーであったとしても、それがいい当たりであればあるほど、二塁ランナーはホームに還ることができない。だから「抜けた」と思ったら、慌てずに三塁まで行けばいい。ところが、高校生は慌ててしまうので、サードライナーなのに飛び出してアウトになったりする。そこで、私は二塁ランナーには「ライナーバック」を徹底しているのだ。

ノーアウトランナー一・二塁のケースでバントのサインが出たら、バッターは三塁手に捕らせたいので、サード方向にバントを転がすのが定石である。しかし、そのバントが中途半端な方向に転がって、ピッチャーのフィールディングがよかったりすると、ランナーは三塁でアウトにされてしまう。このような場合、バッターの責任になることが多いように思うが、ここでの二塁ランナーも、バッターとの信頼関係と、「絶対に三塁を取るんだ」という強い気持ちでスタートを切りたい。

このような状況でのランナーの判断が、ゲームの明暗を分けることは多い。事前に「ピッチャーのフィールディングがいい」という情報があったとしても、三塁までランナーを進めようと思ったら、絶対にバントをしなければならない局面もある。もちろん、バッターはできる限り質の高いバントをしなければならないが、それ以上にランナーの「スタート」の判断がとても重要になってくる。ランナーの判断力を磨くには、日頃から実戦感覚を養っていくしか方法はない。だからうちでは、毎日のように実戦的な走塁練習をしているのだ。

バントの話が出たので、バントの重要性に関してもここでちょっと触れておきたい。近年の高校野球を見ていると、バッティング技術は上がっているかもしれないが、バントの技術は上がっていないように思う。というより、むしろ全体のレベルとしては、バントが下手になっている気がする。甲子園でも、送りバント失敗のシーンを見かけることが多くなってきた。

最近の風潮として、強攻策で送りバントをしないチームが増えてきたのも、その一因としてあるのだろう。だが、甲子園でいえばベスト8以上に残るには、戦術としてバントは絶対に必要である。よほどの打力、あるいは投手力がなければ、バントなしでは勝ち上がれない。うちも、バント練習を普段から徹底的に行っているとまでは言えないが、バントの重要性は十分に理解している。1番、2番、9番を打つようなタイプ（小柄で足の速い選手）が、セーフティバントやドラッグバントを決めてくれると攻撃に幅ができる。だから、そのようなタイプの選手には、自主練習においてバント技術を磨いてもらっている。

## メンタルトレーナーの教え

慶應大学で投手として活躍し、うちのメンタルトレーナーを務めてくれている松本治さんという方がいる。

松本さんとのご縁は、慶應大の合宿所で同部屋だった石城和彦さんが、2011年の秋にうちのグラウンドに初めて来ていただいたのがきっかけである。石城さんは、朝日放送で高校野球中継の担当をされていたことで知り合いになり、うちの選手はもちろん、野球部に深く関わっていただいている。高校時代は、182センチの本格派左腕で私学の強豪からの誘いもあったが、池田高校に進学された。当時、大阪桐蔭に今中慎二選手（元中日ドラゴンズ）がいて、「今中か石城か」と言われた逸材だったとも聞いた。

松本さんも情熱のある方で、小川良憲・京山将弥（横浜ＤｅＮＡベイスターズ）・林優樹・山田陽翔らに生きた良きアドバイスをいただいてきた。近江のＯＢ・現役選手ともに大変お世話になっている。また、慶応大の1年先輩である大久保秀明さん（ＥＮＥＯＳ監督）とは家族ぐるみの仲で親交が厚く、その人となりについて参考になるお話をよく聞かせていただいている。「近江を日本一に」という思いから、都市対抗野球優勝3度、東京6大学リーグ優勝3度を誇る名将から学んでほしい、という松本さんの思いがビンビン伝わってくる。

近江が低迷していた時に、石城さんが手を差し伸べてくれた。石城さんと松本さんとのつながりができてから、9度の甲子園出場である。11歳年下のおふたりから得ているものは計り知れない。本当にありがたい限りである。

松本さんは現在広島におられるのだが、時おりグラウンドにやってきて、緊迫した試合で実力を発揮するにはどうしたらよいかを教えてくれる。プレッシャーや緊張感に負けることなく、力を出し切るにはどうすればいいのか。そのための教えをここで簡単にご紹介したい。

## [実力を発揮するためにプレー前&プレー中に臨むべきこと]

### ◆プレー前

「ポジショニング」

メンタルを安定させるための姿勢、動き(深呼吸や目を閉じるなど)をポジショニングといい、一流のアスリートはルーティンの中にそれを組み入れている人も多い。

あのイチローさんも、ポジショニングをいつも行っていた。彼がバッターボックスに入ってからしていた一連の動きがポジショニングである。

イチローさんのような自分なりの一連の動き（ポジショニング）があると、試合中のプレッシャーを感じる場面においてとくに有効である。

本来の自分に戻れる、自分なりのポジショニングを作ることが大切。試合で、いつもと違う行動をするのはあまりよくない。ルーティンを繰り返していくことで「こうすれば大丈夫」というイメージを強化する。それが、ここぞという大一番の勝負で、力を発揮することにつながる。

## ◆プレー中

「NOW & HERE（今ここで、やるべきことをやる）」

誰かがミスをしたことによって連鎖的にミスが続き、その悪い流れを断ち切れずにずるずると失点を重ね、負けてしまうというパターンは意外に多い。そんな時こそ「NOW & HERE（今ここで、やるべきことをやる」という気持ちが大切だ。

「悪い流れだな」と感じたら、自分がやるべきことに集中する。勝負は常に自分との戦いである。その試合で何を目標にしていたのか。原点に立ち返って自分を見つめ直す。悪い流れにある時は、どうしても気持ちが消極的になってしまいがちだ。しかし、どんな時も目標を達成しようと積極的に動くことが、何よりも大事なのである。相手に勝つということは、その結果に過ぎない。

雰囲気に飲まれることなく、「NOW & HERE」の精神で今やるべきことをやりきる。その行動が、チームを勝利へと導いてくれるのだ。

ここで紹介したように、自分の力を発揮するにはプレー中だけでなく、プレー前から心を整えておく必要がある。それを忘れないようにしたい。

## 食事で体を大きくする
### 専門家常駐の食堂が近江の食育を支えている

近江には、他の私学に誇れる愛情満点！　美味しさ満点！　栄養満点！　の食堂がある。その料理には、オーナーの川岸隆二さんの愛情と情熱が注ぎ込まれている。生徒たちは心から満足し、そして感謝してくれている。選手は昼と夜にここで食事を取る（寮生は朝も）。グラウンドのすぐ横に食堂があるので、練習が終わったらすぐに食事をしてリカバリーできるのが利点だ。自宅から通っている選手は、練習後に食堂でまず食事をして、家に帰ってからまたさらに夕飯を食べるので、2年生になる頃にはみんな体つきが見違えるように大きくなる。

ちなみにこの食堂は、関西圏の高校の食堂で初めて「野菜ソムリエ認定レストラン」を取得した。

「野菜ソムリエ認定レストラン」とは、

・野菜ソムリエ協会の理念および日本野菜ソムリエ協会認定レストランの活動に賛同すること
・野菜ソムリエの資格保有者の推薦があること
・旬の野菜を5種類以上使用したメニューがあること
・四季折々の野菜を使用したお店独特のメニューがあること
・旬の野菜の情報をお客様に向けて発信していること

これらの条件を、すべて満たしているレストランだけが認定されるのだ。うちの食堂の野菜ソムリエは、岡明理恵先生が務めてくれている。

入口に立てられたその日のおすすめメニュー看板

左から五目カレーラーメン、鶏皮甘辛丼、ナポリタン

野菜ソムリエおすすめのベジセット
（この日はチーズオムレツきのこソース）

食堂のメニューをざっと挙げると、

・ベジセット（旬の野菜を交えた定食）　・日替わり膳
・丼物　・カレーライス　・パスタ　・うどん　・そば　・ラーメン
・から揚げ　・フライドポテト　・たこ焼き　・サラダ

といったところで、デザートとしてソフトクリームも用意されている。

食堂の入口には、その日のサンプルやおすすめメニューの書かれた看板が置かれており、さながら巷のレストランのような雰囲気である。

また、近江の食堂には、スポーツフードアドバイザーも常駐している。このアドバイザー（管理栄養士）がその知識を踏まえ、体作りのための食事方法をアドバイスしてくれるのだ。アドバイザーの米井博之さんは、ご自身がスポーツをされていたこともあり、生徒たちの良き相談役にもなってくれている。

素晴らしいスタッフが揃う食堂は、野球部の屋台骨を支えてくれている。私たちにとって、本当に心強い存在である。

## 強豪校との練習試合は学びの宝庫

第3章でお話ししたが、私は練習試合を公式戦より大事なものだと考えている。最近では、甲子園での活躍によって全国に近江の名が知られるようになり、各地の強豪校と練習試合をさせていただけるようになった。これは大変ありがたいことである。

まず、シーズンの開幕（練習試合の解禁。近年は3月の第1土曜）に毎年行っているのが、静岡県への遠征である。そこで土曜に静岡高校と戦ってから1泊し、日曜には掛川西高校と練習試合をして帰ってくるのが恒例となっている。センバツに出場が決まっている年も、甲子園に向かう前にこの静岡遠征は必ず行っている。

春休みによく来られるのは、埼玉県の聖望学園。関西遠征の一環で、うちにも立ち寄ってくれるのだ。その他に関東だと古豪の所沢商業ともよく練習試合を行う（2022年には健大高崎にも来ていただいた）。

北海道・北見緑陵高校の酒井昭彦監督は、かつて京都先端科学大附属のコーチをされていた。その頃、「近江の練習を見て勉強したい」と酒井監督はわざわざ本校まで通ってこられた。そういったご縁があり、酒井監督が北海道に行かれてからも、春休みにうちで練習試合をしていただいている。

5月のゴールデンウィークは滋賀の春季大会中のため、練習試合は組めない。その代わりに春の関東大会が始まる5月中旬頃、土日を使って関東に遠征している。

この関東遠征では、相模原市内の宿に泊まる。その関係もあって、横浜隼人、日大三、東海大菅生、桐光学園など、相模原界隈の強豪校と対戦させていただくことが多い。

その他に、夏の大会前の定期戦として、

5月　市立和歌山、智辯学園、智辯和歌山

6月　いなべ総合、龍谷大平安、神戸国際大附属

があり、大会直前となる6月最終週の土日に大阪遠征を行い、そこで近畿大附属他、大阪（もしくは京都）の強豪校と練習試合をする。また、この時に宿泊するのは、夏の甲子園で滋賀代表が利用する素晴らしい環境のホテル「伏尾温泉　不死王閣」である。「優勝すれば、またここに泊まれるぞ。がんばれ」という選手たちへの激励の意味も込めて、こ

の遠征は毎年夏の大会直前に行っている。

秋以降は愛知の学校と対戦させていただくことが多い。中京大中京、東邦、愛工大名電、享栄の私学4強の他、至学館や愛知黎明などが主な対戦相手である（東海地区では聖隷クリストファーとも交流は長い）。

岐阜の大垣日大ともよく試合をするが、高校野球界の名将として知られる阪口慶三監督から学ぶところは多い。70代後半にして、グラウンドでは選手たちよりも気迫に溢れている。高校球界を牽引してきた阪口監督には、私たちのお手本としてこれからも素晴らしい指導法、采配を勉強させていただきたい。

全国の強豪、伝統校とだけではなく、「近江とやりたい」と申し込んでこられる学校とは、できる限り練習試合をやらせていただく。それぞれにいろんな学びがある。対戦して直に相手のすごさを体感できるのはもちろん、グラウンド外での選手個々の動き、立ち振る舞い、礼儀などを見るだけでも、うちの選手たちにとっていい勉強、いい刺激になる。試合の勝ち負けだけではない「学び」があるからこそ、私は昔から練習試合を重要視しているのだ。

第94回 選抜高等学校野球大会
準優勝

準優勝
全国高等学校
野球選手権大会
第47期（平成17年度）卒業生
贈 硬式野球部保護者会

第6章

# 滋賀県勢初の全国制覇を目指して

# 甲子園は目指すだけの場所ではない

現役時代に甲子園出場を果たせなかった私にとって、甲子園はずっと憧れの存在だった。そして1992年夏、近江の監督として初めて聖地の土を踏むこととなった。その時は残念ながら1回戦負けだったが、2年後の夏に本校は再び甲子園出場を果たし、初戦の志学館戦に5－4で勝利した。甲子園に流れる校歌をベンチ前で聞きながら、スコアボードの上にはためく校旗を見ていると、私の目からは涙が溢れてきた。何物にも代えがたい、感動と喜び。あの瞬間をまた味わいたい。そしてその後、何度味わっても校歌を聞いているあの瞬間は最高である。この思いは、今も変わらない。

近年は「近江に行けば甲子園に出られる」と、選手たちが自ら本校を選んで入学してきてくれるようになった。ただ、入ってきてくれた選手たちに対して、まず私はこう言う。「『甲子園に出る』だけで目標が終わってしまったらダメだ」。そしてこう続ける。「肝心なのは『甲子園でどんな野球をするか』なんだ」と。

甲子園でどんな野球をしたいのか、どういう野球をして勝ち上がっていくのか。甲子園ではどんな自分でありたいのか。それを一人ひとりがイメージしながら、日々の練習に取り組むことがもっとも重要なのだ。私は、それを選手たちに言い続けている。

夜の自主トレで素振りをしている時は、甲子園の打席に立っているイメージで。シャドウピッチングをしている時は、甲子園のマウンドに立っているイメージで。常日頃から、甲子園でプレーしている自分をいろいろとイメージしながら練習する。このようなイメージトレーニングを、時間が経つのも忘れて没頭して行う。そんな練習を積み重ねながら、高校生活を送っていくことが大切なのだと私は考えている。

「甲子園常連校」と呼ばれる学校が、コンスタントに甲子園に出場し続けられる理由。その理由のひとつとして、「頻繁に甲子園に出ているから、選手たちが甲子園をイメージしやすい」という点が挙げられる。最低でも3年に一度、甲子園に出場していれば「甲子園を経験していない」という代はいなくなる。すると、出場していない代の選手たちも、出場したことのある先輩から「甲子園はこういうところだ」という体験談を聞くことができる。甲子園が身近な存在だけに、練習中も甲子園をイメージしやすい。このように、常連校では甲子園に出場するための伝統が、脈々と受け継がれているのである。

春夏連続出場となった2022年。山田は真剣に全国制覇を狙っていた。大阪桐蔭にセンバツの決勝で大敗し、さらに近畿大会でも対戦して敗れた後、彼は「同じ相手に3度負けるわけにはいかない」と、夏の甲子園で3度目の対戦があるかのようなコメントをしたのである。これは、私が言うべきコメントだと思った。夏の対戦までに二番手投手を作る課題が、この日の敗戦でより明確になったことを受けての、山田から仲間へのメッセージだと私は捉えた。

日本一だけをイメージして、日々の練習に必死で取り組んでいた山田を見ていると、本当に大阪桐蔭と3度目の対戦があるように思えてきた。負けたと思った高松商戦に勝った時、私の心は震えた。大阪桐蔭との再戦は実現しなかったが、滋賀大会初戦の瀬田工戦や準決勝の比叡山戦は、負けていてもおかしくなかった。そんな厳しい戦いを勝ち上がってこれたのは、山田の日本一への思いと大阪桐蔭の存在があったおかげであり、結果的にチームを2年連続の甲子園ベスト4に導いてくれたのだと私は思う。

## 山田たちが抜けたこれからが本当の勝負

### 2023年の夏に向けて

近年の滋賀県高校野球の勢力図に関しては第1章でお話しした通りだが、強豪と呼ばれる学校はどこも「打倒近江」で私たちに向かってくる。近年、もっとも多く近江が甲子園に出場させていただいてはいるものの、大会を勝ち上がっていくことの難しさを年々強く感じているのもまた事実である。

では、そのような状況にあるにも関わらず、なぜ私たちが甲子園に出場できているのか？　それは、私たちの力以外のものが往々にして作用するからである。対戦校が私たちを意識しすぎるからだろうか。変に力んだりして普段のプレーができず、ミスをしてしまう。このように、相手のミスによって勝てたという試合が少なからずある。

夏の甲子園が終わり、山田たちの代が抜けて迎えた2022年の秋の大会。私たちは県大会3回戦で敗退となった。相手は彦根東だったが、この試合では私たちのほうにミスが続出した。

試合は5回にうちが先制し、7回にも1点を追加して2－0。しかし、8回に守備陣の乱れが連鎖して4失点。最終回にもダメ押しの2点を追加され、私たちは敗れた。

山田たちがいなくなってチームのレベルもだいぶ下がったため、彦根東とやる前から私は接戦になると予想していた。もし運よく彦根東に勝ったとしても、次の彦根総合にはやられるだろうと覚悟していた。その予想通り、彦根総合は滋賀大会を制して近畿大会に出場。準々決勝では大阪桐蔭に4－9で敗れたものの、センバツへの切符を手にした。

近江として、彦根東戦は近年稀に見るミスの多い試合だった。応援してくれていた人たちは、本当にがっかりしたと思う。さらに私がショックだったのは、試合後に悔しくて涙する選手がひとりもいなかったことだ。かつて、上を目指していた先輩たちは、秋の大会で負けても泣いていた。泣くような悔しさすら感じない情けない負け方だったから泣かなかったのか、それとも先輩たちのような高い志がなかったから悔しさを感じることができず泣けなかったのか。その理由は選手たちに聞いていないのでわからないが、いずれにしてもチーム力がないという事実に変わりはない。2023年の夏に向けて、克服しなければならない課題は多い。

一番の課題は、レギュラー陣の意識改革だ。中学時代から名を知られ、いくつもの強豪校から誘いがあったような選手たちが、思ったように伸びていない。「俺はうまいんだ」と勘違いしてひたむきさに欠けている。1年の夏から3大会連続甲子園での、貴重な経験が生かされていないのだ。こういった選手たちに「今、自分がチームにどう関わるのか？自分が今しなければならないことは何なのか？」と自分と真剣に向き合わせることで、夏までに「自身の掲げた目標に日々挑戦し続けた」と、仲間も認めるほどの実績を積み上げるしか道はないということを、気づかせることが大事だと思っている。

## 滋賀県勢初の全国制覇を成し遂げるために

### 「5本の柱」が揃えば日本一になれる

滋賀県は、近畿勢で唯一甲子園での優勝経験がない県である。だからこそ、近江が滋賀県の強さを証明すべく甲子園で優勝したい。それが今、私が監督をする上での最大のモチベーションとなっている。

「滋賀県勢初の甲子園優勝」を成し遂げたい。山田のいた2022年は本当にチャンスだったのだが、惜しくもセンバツは準優勝、夏はベスト4という結果に終わった。全国制覇を達成するためには、何が必要なのか？　私は以前から選手たちにこう言い続けている。

「『5本の柱』が揃ったら、全国制覇ができる」

私の考える「5本の柱」とは、こういう意味だ。

### ◆5本の柱

①キャプテン（器のある、本当のリーダーシップが取れるキャプテン）
②エース（仲間に信頼される絶対的エース）
③4番バッター（誰よりもバットを振り込んだ真の4番）
④キャッチャー（扇の要、守りの監督）
⑤堅実な二遊間（基本に忠実＝職人気質）

この「5本の柱」を担う6人がみんな揃えば、必ず全国制覇ができる。2022年は①から③を山田がひとりで担っていたのだが、やはりひとりに3つの大役を任せるのは荷が重すぎる。

山田たちが抜けた新チームは、今のところ「5本の柱」のうち1本も満たされていない。残念ながら、まだ全国制覇を狙えるレベルにはないといえる。

2023年、現在のキャプテンは横田悟に任せている。横田は1年生の夏からショートのレギュラーとして、再三チームを救う好守備を見せている。甲子園では、山田が「安心して見ていられるのは、横田だけだ」と言っていたのを思い出す。私は、近江初の「5季連続甲子園出場」を果たしてくれると思っていた。しかし、2023年のセンバツ出場を逃したので、その夢は断たれてしまった。夏の甲子園に向けて、横田の力がチームにとって必要不可欠なのは言うまでもない。

人間性の部分で、まだまだ真のキャプテンとは呼べない横田だったが、ここ最近少しずつではあるが「こんな甘えた自分ではダメだ」と目の色が変わり始めた。彼も、山田と同様に「持っている男」だと思う。キャプテンとして仲間から信用を得るには、真剣に打ち込む必死さを表はもちろん裏でも、夏まで持続できるかが鍵である。

私の考える4番バッターは、「最強打者」ということではなく、「みんなが認める努力家、チームで一番バットを振った選手」である。もちろん「ここぞ」という場面で、タイムリーを打てる打者であってほしいが、それはどん詰まりのポテンヒットでもいい。チーム一、しぶとい打撃のできる選手に4番を任せたいのだ。

過去の戦いを振り返れば、「あの1本があったから優勝できたよね」と話す「1本」には、4番が打ったものが多い。夏の大会では、チームのみんなが認める努力家がいい結果を残すものだ。だから私は、誰よりもバットを振った選手を4番に選ぶのである。

2001年夏に甲子園で準優勝した時は、優勝をまったく意識していなかった。優勝した日大三と「決勝戦にふさわしい、いい試合ができればいい」くらいにしか考えていなかったのだ。だが、今は違う。ここまで述べてきたように、私たちが目指すのは全国制覇である。そのためにも、「5本の柱」を担ってくれる選手たちには、日本一の練習をするだけではなく、日本一の精神的な強さも求めていきたい。

## 滋賀県全体でレベルアップしていけば、日本一にきっと手が届く

「金足農業との試合から近江のファンになりました」「青いユニフォームが好きです」「山田投手の力投に感動しました」

近年、滋賀県民の方々はもちろん、全国各地のみなさんからこのような声掛けをされるようになり、多くの方が本校に関心を持ってくれていることを実感している。県民の方々からは、「ぜひ、滋賀初の甲子園優勝を」ともよく言われるようになった。このような期待をしていただけるのは、監督としても嬉しい限りであり、プレッシャーというより喜びとやりがいのほうを強く感じている。

滋賀県勢は、まだ甲子園で優勝したことがない。それはなぜか？　私はその大きな要因のひとつとして、「有望な人材の県外流出」があったからだと考えている。

過去には、松田宣浩選手（読売ジャイアンツ）は、双子の兄弟として滋賀県内では有名だったが岐阜中京に進み、元阪神タイガースの桜井広大さんも滋賀出身だがＰＬ学園に進学した。２０２３年のドラフト候補筆頭である大阪桐蔭の前田悠伍投手も、滋賀の出身である。ここではプロとなった選手、プロに行きそうな選手の名を挙げたが、プロ入りまで行かなくても、「あの選手がうちに来てくれていたら」と思う県内出身の選手はひとりやふたりではない。

では、滋賀県出身の有望な選手の県外流出を防ぐにはどうしたらよいのか。そのためには、逆説的ではあるが滋賀県の学校が日本一になることが一番の解決策だと思う。日本一になった経験のある監督さんたちは、「優勝と準優勝ではまったく違う」と声を揃えておっしゃる。「日本一になるとまわりの見方が変わる」「準優勝校のことなど誰も覚えていない」「日本一の富士山はみんな知っているが、2番目はどこかと聞いてもほとんどの人が知らない」。それと同じであると。

私が思い描くのは滋賀県初の日本一、しかもできれば夏の選手権で優勝したい。夏の甲子園を制するためには、その前の滋賀県大会をいかに勝ち上がるか。日本一を摑み取るには、その過程も大切だと考える。

滋賀県大会でいくつも接戦を演じ、覇権を争う。県大会で強豪校同士がしのぎを削り合うことで、県全体のレベルアップも図れる。そういった中で勝ち上がってこそ、滋賀県勢初の日本一が近づいてくる。

来たる2023年の夏は、私が理想とする強豪校同士のぶつかり合いとなる可能性が高い。秋の大会を制してセンバツ初出場を果たした彦根総合。毎年選手個々のレベルが高い滋賀学園。2年連続でうちと決勝で戦っている立命館守山。綾羽、比叡山、近江兄弟社などの私学。瀬田工、彦根東の公立勢の合わせて8校は、滋賀の頂点に立てる可能性があると考える。

いずれにせよ、強豪校同士が激戦を展開する中で勝ち上がっていけば、優勝した時にはチーム力も格段にレベルアップしているはずだ。そうやって県全体としてレベルアップしていくことが、悲願である滋賀県勢初の全国制覇につながっていくのだと思う。

## 大阪桐蔭戦の勝利の裏側にあったもの

第1章で少し触れた2021年夏の大阪桐蔭戦の勝利を振り返りつつ、「絶対王者」と呼ばれる大阪桐蔭に勝つにはどうしたらよいのかを探っていきたい。

第103回大会の10日目の2回戦で、近江対大阪桐蔭が行われた。先発した山田（この時は2年生）が初回にいきなり3点を失い、続く2回にも1失点して序盤から強敵を相手に4点を追う厳しい展開となった。

3回裏、私たちに1アウト・ランナー一・三塁のチャンスが巡ってきた。4点差と開いていたため、勢いに乗って強攻策で行く手もあった。しかし私は、まずは1点を何としても取りたかったのでスクイズを選択した。ここで2番バッターの西山嵐大（大阪産業大学）が初球から振りに行ってくれたことで、2球目にスクイズのサインを出せたのだ（1球目を見逃してストライクなら2球目も「打て」だったし、見送ってボールなら2球目は「待て」を間違いなく指示した）。西山がスクイズをきっちり決めてくれて、1－4の3点差となった。

私たちにとって、この1点はとても大きかった。3点差になったことで、浮足立っていた選手たちが「3点差ならまだまだ行ける」と落ち着きを取り戻したのだ。結果的には、この1点がうちに入ってから、大阪桐蔭には点が入らなかった。もし、この1点が大阪桐蔭のほうに入っていれば0－5、そこからもっと点差が開いてゲームセットになっていたかもしれない。

この後、4回に5番・新野がライトにソロホームラン、5回に4番・山田が犠牲フライを打って3－4の1点差となった。7回には、2アウト・ランナー一・二塁から新野が今度はタイムリーを放ち同点。7回からはエースの岩佐直哉がマウンドに上がり、9回までを無失点ピッチング。そんな岩佐の好投に応えるように、8回裏2アウト満塁から途中出場の山口蓮太朗が勝ち越しの2点二塁打を決め、大阪桐蔭に6－4で勝利した。

これは裏話だが、実は試合の途中にはベンチでこんなやりとりもあった。私が、3回表を投げ終えた山田に「今日は早めに代えるぞ」と告げると、私を睨みつけて「6回までは行かせてください」と力を込めて言ってきた。私のひと言が、結果的には山田の心に火を点けた。この一戦への秘めた思いが、その後の恐れを知らぬ攻めの投球につながり、大阪桐蔭打線を沈黙させたのだ。自分が打たれて4点も取られていれば、ベンチでへこんでいるのが普通だが、やられたらやり返す。強者に向かっていける真のハートが山田にはある。

私は、山田を最後まで投げさせようと考えを改めていた。そして、6回を投げ終えた山田に「最後まで行くぞ!」と言うと「ここまで投げさせてもらい、ありがとうございました。7回からは、岩佐さんに託します。岩佐さんに言ってきます!」とブルペンに走っていった。何というやつだ。高校生じゃないなと思ったと同時に、1点差まで追い上げて完全にうちのペースになっている展開に、この時は私自身もワクワクしていた。

試合前の時点では、接戦の終盤勝負の試合に持ち込めれば御の字だと思っていた。1回・2回は、恐れていた一方的な展開になることも覚悟したが、選手たちは勇気を持って

「絶対王者」に向かっていく姿勢を最後まで貫いてくれた。チームが束になって摑んだ見事な勝利だった。

データを重視すればするほど、大阪桐蔭はどこにも隙がなく勝てる要素が見当たらない。とくにこの年は例年より機動力があり、大阪大会では延長やタイブレークを制して僅差のゲームを勝ち上がってきていた。まさしく、個の力も総合力も高い、最強のチームである。

しかし、対戦校の監督も選手も、勝ちたいがためにデータを欲する（データに頼る）傾向が過剰な意識につながり、大阪桐蔭をより大きな山にしているように感じる。10回戦って、1回勝てるか勝てないかのチームであることは間違いない。だがしかし、甲子園という舞台だからこそ、その1回が私たちに起こったのである。

## 絶対王者、大阪桐蔭に勝つ方法

大阪桐蔭と対等に戦うには、とにかく食らいついて終盤勝負に持ち込むしかない。この日も「攻撃を長く、守る時間をできるだけ短く」を合言葉に、攻撃時は「ピッチャーに1球でも多く放らせる」、守備時は「先頭バッターは確実に打ち取っていく」ことを徹底した。これは、大阪桐蔭のような強いチームと対戦する時の鉄則である。守備時には、2アウトからフォアボールやエラーで出塁を許すのも、できる限りしないようにしなければならない。超強豪校は、そういった隙を見逃してはくれないのだ。

しかし、この鉄則を徹底できれば、試合の中で必ずこちらにもチャンスが巡ってくる。大阪桐蔭戦で8回に私たちは逆転に成功したのだが、この時うちの先頭バッターはショートのエラーで出塁したものだ。この出塁がきっかけとなり、近江は逆転勝ちを収めることができたのである。

序盤の2イニングで4点の差を作り出した大阪桐蔭のナインが、隙を見せるようなチームでないことはわかってはいたが、中盤から終盤の展開はさすがに想定外であっただろう。そして終盤に同点となり、「絶対王者」にも焦りが生まれた。こういった接戦で怖いのは、エラーとピッチャーが出す四死球である。ひとつのエラー、ひとつのフォアボールが致命傷になるのだ。

大阪桐蔭は1番から9番まで、ホームランを打てる勝負強い打者が並んでいる。その超強力打線を、何安打に抑えて何点以内に抑えるかを想定するのだが、対戦相手が通常のチームの場合は、2～3点以内に抑えて5点以上取ると考えるのが一般的だろう。これはゲームプランとして、どのチームも同じ考えだと思う。だが、大阪桐蔭が相手だと、このゲーム展開は考えにくい。

私は、もしうちが勝つことがあるとすれば、6－5のゲームだと考えていた。だから、試合前に選手たちには「みんな大阪桐蔭が勝つと思ってる。だから気楽に行け。でも、もしうちが勝てば大金星！　大騒ぎになるぞ！　失うものは何もない。怯まずに向かっていけ！　何本ヒットを打たれてもホームに還さんかったらいいんや。1点を惜しむな、2点目を防げ」と言って送り出した。そして、結果的には3回以降点を与えなかった。二桁安打されたとしても、2～3点に抑える投球をすることが大阪桐蔭を倒すには不可欠なのである。それには、セットポジションでの投球が鍵を握る。

そこで4つのポイントを挙げたい。

① 初球でストライクを取る

（チャンスでは初球を振られたくない。緩いカーブでストライクが先行できれば心理的に打者を追い込み優位に立てる。度胸はいるが緩急は必須）

②　ストライク先行で3球で追い込みたい
（攻めの投球。ファウルを打たせてカウントを稼ぎたい。高めの内寄りのストレートは有効。安全に思える外のスライダーが一番危険）

③　インコースを攻める
（うまく捉えてもファウルになるインサイドのボール。制球力＝強気。このボールがあれば、インコースを意識させて横幅を広く使える。打者に当てるリスクはあるが、懐を攻める制球力は、攻めの投球の真骨頂）

④　低めにボールを集める
（追い込むことができれば、低めのストライクゾーンからボールゾーンへのカット・スライダー・スプリットが断然有効。打撃に自信があるバッターほど必ず振ってくれる）

大阪桐蔭のような強力打線が相手の時は、これらのポイントをしっかり守り、とにかくバッター有利のバッティングカウントにしないことが重要だ。ストライク先行で、常に主導権を握る。さらに球速よりも制球力を重視して、バッターの懐を攻める。バッターに対して、インコースを意識させられれば、追い込んでから外の変化球が有効になる。バッターはインコースを意識しているため、踏み込んでこれないのだ。この攻め方が、強力打線を抑える鍵といえよう。

２００８年に行われた第90回記念大会において、大阪桐蔭は全国制覇を成し遂げた。黄金時代の幕開けとなった西谷浩一監督初の全国制覇である。この時、北大阪大会の準決勝で、大阪桐蔭は箕面東高校を相手に延長10回、サヨナラホームランで辛くも勝利した（２−１）。この試合は、甲子園も含めて大阪桐蔭が一番苦しんだ試合である。全国を制するより、大阪を制する方が難しいと言われながら、大阪桐蔭は昨年春の優勝まで14年間に２度の春夏連覇を含め、８度の日本一を成し遂げている。今もチームが進化し続けているところが何よりもすごいところである。

さて、２００８年に話を戻すが、大阪桐蔭を苦しめた箕面東の監督であったのが長谷至康さんである。長谷さんは、１９９０年に公立の渋谷高校を夏の甲子園に導いている。この時は、強豪私学ひしめく大阪（当時はＰＬ学園が一歩リード）で、中村紀洋さん（近鉄―ドジャース―オリックス―中日―楽天―横浜ＤｅＮＡ）が２年生で４番を打って投手も兼ねる大車輪の活躍で、公立高校が夏の大阪を制したということで大変な話題になった。

長谷さんとの出会いは、１９８２年に新関西六大学野球連盟発足のパーティーで、名刺交換をしたのが最初だった。なぜか、長谷さんは私の心にとても印象に残ったのを覚えている。年賀状のやりとりだけは続いていたのだが、2001年に近江が準優勝したことで私のことを思い出していただき、練習試合をさせていただくようになった。以降、長谷さんには公私に渡り大変お世話になっている。現在は、現場を離れて悠々自適に過ごされているが、今も大阪の高校野球監督会のドン的存在である。

そんな長谷さんに、私は聞いた。

「長谷さん、大阪桐蔭に勝つにはどうしたらいいんですか?」

「みんな常識的に攻めるんやなぁ。監督が半分勝つ気がないねん。大阪桐蔭といいゲームができてると、もう少しこの祭の舞台を味わっていたい心境になるから、勝負できんのよ。勝負かけんとあかんのに」

大阪桐蔭と同地域の監督さんたちは、甲子園ではない大阪大会で対戦するわけだから、その心境はすごく理解できる。大阪で監督をやっていれば、大阪桐蔭とは当たりたくないというのが本音だろう。知れば知るほど付け入る隙のない大阪桐蔭だが、長谷さんからはこんな話も聞けた。1プレーで1点が入った話だ。

「大阪桐蔭とやる時には、予告サインというのがあってな。たとえば、うちの攻撃でノーアウト一塁になると予告サインを出すねん。大阪桐蔭の選手は、バントと読んで1球目に必ずバントシフト敷きよんねん。だから、初球はバントの構えで待てやねん。その時、ピッチャーはバントやらさなあかんのに、時々ボール球を投げよんねん。大阪桐蔭の選手は、ピッチャーの投球で全員が全力でバントに備えて動くわけ。だから、ピッチャーは次こそ絶対ストライクを投げなあかんと、ど真ん中に投げよんねん。そこでバスターエンドランをやるんや」

このケースで、バスターエンドランの打球がサードゴロ（バントに備え前進守備）になった。サードは、二塁ベースにしか送球できない状況で、セカンドはバントに備えていたのでどうしてもベースに入るのが遅れる（バントならショートが入る）。サードはタイミングを遅らせて送球したが、セカンドが間に合わずにボールは右中間を転々と抜けていく。センターもライトも内野近くにバックアップしているので送球に対応できない。鍛え抜かれた守備力が、全力バックアップに表れる。大阪桐蔭だからこそ、「必ずストライクを投げないと」「必ずアウトにしないと」という心理が招いた1点だともいえる。

また長谷さんは、「感性＝経験」だと言った。渋谷監督時代には、ＰＬ学園に頼み込んで1年に10回近く練習試合をしたそうだ。「一番勉強になるからな。日本一の高校野球をやるチームやから」。感性を磨くとは、学ぶことである。選手の感性が鋭くなれば、洞察力、状況判断力、先見力が磨かれる。そういった「勝負強さが自分の持ち味」と言える選手を育てたいと、長谷さんの話から強く思ったものだ。

## 聖地・甲子園をサイン盗みで汚してほしくない

これまで何度も甲子園で戦ってきたが、私自身はサイン盗みをされているような感じを受けたことはない。そんなこと自体、試合中に考えたこともない。

甲子園に出場した際、知り合いの監督さんなどから「あそこは（サイン盗みを）やってくるよ」と言われたりすることもある。しかし、いずれも実際にやられている感じはしなかった。以前には、私たちも相手チームから「コーチャーが、声で何か指示を出しているんじゃないか？」と審判を通して言われたこともあるが、そういった汚いことをうちは一切していない。

他のチームでは、サイン盗みをされている気配を感じたら「サインを変えろ」とバッテリーに指示しているところもあるようだ。でもうちの場合、それだけ余裕を持って瞬時にサインを変えたりできる力を持ったバッテリーは、そうそう出てこない。もしかしたら、林と有馬のバッテリーは彼ら自身が考えてやっていたかもしれないが、私が「サインを変えろ」と指示を出したことは今までに一度もない。

「二塁ランナーが、バッターに球種やコースのサインを出す」

「(一塁・三塁)コーチャーがバッターに球種やコースを伝える」

これらが主だったサイン盗みだが、プロ・アマ問わずこういった行為は禁止されている。それなのに、サイン盗みをあえてしているようなチームは、高校野球ファンに支持してもらえないだろう。正々堂々と勝負することが、高校球児の代表として甲子園に出場しているチームの使命だと思う。

そもそも、神聖な甲子園にサイン盗みのような行為はそぐわない。そんなことまでして勝って、何が嬉しいのか？　高校生にそこまでさせて勝ったからといって、何を誇れるのか？　監督の中には「選手が勝手にやっている」とうそぶく人もいる。確かに、中学時代にサイン盗みを教わっていれば、高校に上がってからもやるかもしれない。しかし、選手が勝手にやっているからとサイン盗みを許していいのだろうか？　私は、うちの選手たちに「絶対にそんなことはするな」と言っている。「そんなことをしていたら、甲子園から嫌われて行けなくなってしまう」と。

第2章でお話ししたが、私にとっての甲子園は、小学4年生の時のテレビ観戦から始まる。忘れもしない1969年8月18日。私の誕生日に、甲子園では決勝戦が行われていた。今や伝説として語り継がれる松山商―三沢の一戦。両チームのエースが延長18回を投げ切り、引き分け再試合となった。私が覚えているのは、泥だらけになって必死に戦う選手たちの姿である。甲子園の魅力にとりつかれた私は翌年の夏、親の許しを得て滋賀からひとりで甲子園へ観戦に行った。

彦根駅から電車を乗り継ぎ、甲子園へ。これだけでも小学5年生の私には大冒険だった。蔦の絡まる甲子園が見えた時のあの高揚感、入場してすり鉢状のスタンドを見渡した時のあの感動。黒土の内野と輝く芝生のコントラストがとても美しく、小学生だった私は「ぼくもここで野球がしたい」と本気で思った。私の野球のすべては、あの時から始まったのだ。

昨年春のセンバツの開会式で、宝馨会長が「高校野球とは何でしょうか?」と問いかけた。そしてそこで以前、日本高野連の会長を務められた佐伯達夫さんの言葉を紹介した。

「無心の球を、無我の境地で追い続けることこそ、高校野球の命である」。開会式の2日前に劇的な出場となったこともあり、私は感動してこの言葉が心に強く刻まれた。甲子園で試合ができることに心から感謝し、一生懸命取り組もうと改めて自分に誓ったものである。

甲子園で球児たちが無心になって白球を追う姿に、多くのファンが魅せられてきた。私もそのファンのうちのひとりであり、今も純粋に「甲子園で勝つ」ことだけを目指している。そんな聖なる場所を、ルールで禁止されている行為で汚してほしくない。私の思いは、それだけである。

## 甲子園の昔と今
### 昔は組み合わせによって有利不利が激しかった

夏の甲子園に出場するたび、私は「ここに来られるのは全国で49校だけなんだ。出られなかったチームのためにも全力を尽くそう」と心に誓う。

近年は地方大会、甲子園ともに、選手たちの健康に配慮した日程が組まれるようになってきた。しかし、ひと昔前の甲子園では4連戦が当たり前のようにあった。

2001年の夏、私たちが決勝で敗れた日大三は、本来なら決勝戦は4連戦目に当たっていた（3回戦、準々決勝、準決勝、決勝と休みの入らない連戦だった）。私たちは、3回戦と準々決勝の間が1日空いていたし、2回戦からの登場だったので（日大三は1回戦から）、決勝戦を控えて日程的には「うちのほうが有利だ」と私は思っていた。

この時、私たちは本書で何度もお話しした「3本の矢」の継投策で勝ち上がっていた。逆に、日大三はエースの近藤一樹投手（元オリックス・バファローズ他）が継投はあったもののすべての試合に登板しており、準決勝は横浜高校を相手にひとりで投げ勝っていた。ピッチャーの状態を見ても、うちのほうが有利なのは自明の理だった。

ところが、決勝戦が行われる予定だった8月21日に雨が降り、翌日に順延となった。決勝戦が順延になるのはとても珍しく、第57回大会（1975年）以来、26年ぶりのことだったらしい。

近藤投手と日大三にとっては、まさに「恵みの雨」である。近藤投手は、準決勝に続き決勝でも完投。私たちは近藤投手に抑え込まれ、2－5で負けた。日大三に敗れはしたが、滋賀県勢初の決勝進出（準優勝）ということで、選手も私たちも気分は晴れ晴れとしていた。ただ、「あの雨がなければどうなっていたんだろう?」と今でもたまに思うことがある。

また、この大会で私たちはなぜか第2試合が多かった。1日4試合が行われる2回戦、3回戦、準々決勝とすべてが第2試合。第1試合は8時30分開始で、第2試合はだいたい11時くらいが開始時間だった。第1試合となったチームは、まだ日も昇らぬ未明から活動を始めなければならないが、第2試合ならば6時起床で普段と変わらない。甲子園期間中、私たちは起きるのも寝るのもずっと同じという、とてもいいリズムで生活できたのだ。

準決勝で、私たちは第1試合となったが試合数が2試合のため、試合開始時刻は11時からだった。前日の準々決勝後、宿に戻ってゆっくりして、18時過ぎから選手たちと一緒に夕食を取った。その時、テレビでは松山商と私の母校である平安が準々決勝第4試合を戦っていた。私たちはこの試合の勝者と翌日の準決勝で対戦する。2時間半を超える熱戦を制して勝ったのは松山商だった。確か、試合が終わったのは20時頃だったと思う。うちの選手たちは、食事も済んであとは寝るだけ。松山商の選手たちは本当に大変だったろうが、このような組み合わせ、日程による有利、不利が昔は結構あったのだ。

今は各都道府県の高野連と、甲子園では日本高野連が選手たちの健康に配慮した日程を組んでくれているので、昔のような厳しい連戦も、日程による有利、不利もかなり是正された。これは大変ありがたいことである。

選手たちの健康面への配慮という部分では、夏の熱中症対策、球数制限への対応として、2023年の夏の甲子園ではベンチ入り人数を従来の18人からふたり増やした20人にすると日本高野連から発表があった。今までは地方大会のベンチ入り枠が20人のため、県大会で優勝した後、甲子園に向けてふたりを外す選択をしなければならないのが監督としてとても心苦しかった。

熱中症対策として、正午前後の日差しが一番きつい時間帯の試合は行わないという「2部制」での開催については、観客の入れ替えの難しさなどから2023年の導入は見送られ、引き続き検討されるそうだ。2部制は見送られたものの、甲子園のベンチ入り枠が20人になったのは、日本高野連が〝選手ファースト〟の判断をしてくれたからである。私たちとしては、2023年夏の甲子園に出場できるよう、そして20人で一体となって甲子園で勝ち上がっていけるようにがんばるだけだ。

# 純真さを持ち続けよう

## いつまでも心は野球小僧のままで

がむしゃらに、まるで子どものように野球に取り組む大人のことを「野球小僧がそのまま大きくなったようだ」と言ったりする。「初心忘るべからず」という言葉もあるように、野球選手は子どもの頃の、自分が野球小僧だった時代の気持ちを決して忘れてはいけないと思う。

子どもの頃の純真な気持ちを持ち続けてボールと向き合っていけば、結果は自ずと付いてくる。そういう選手は、甲子園を必ず味方に付けられる。私はそれを山田から教わった。

山田は、明らかに甲子園を味方に付けていた。なぜ、甲子園は山田に味方してくれたのか？　それはやはり、彼の持つ純真さが甲子園に愛されたのだと思う。山田を見ていると、心の底から野球を楽しんでいることがよくわかる。彼は野球小僧だった少年時代もプロとなった今も、本当に野球が大好きなのだ。ただ、純真に。

山田は学校では誰からも好かれる人物であると、本書の中で何度かお話しした。彼は純真かつ素直だから、まわりにいい印象を与える。いろんなことを知りたい、教わりたいという知的好奇心も強く、周囲の人の言うことを聞く耳もちゃんと持っているので、先生たちからも好かれている。

山田は、子どもたちにもとても人気がある。子どもの頃の純真さを忘れていないから、子どもとの接し方もうまい。野球少年たちから握手などを求められても嫌な顔ひとつせず応じ、子どもたちが喜ぶような声を掛ける。子どもたちは「わっ、山田君や！　本物や！」と実に嬉しそうである。私は、そんな微笑ましいシーンを何度も見てきた。

山田は別に、人に好かれようと思って愛想よくしているわけではない。彼は「野球が好き」という思いをずっと持ちながら、自然体で生きているだけである。野球でいい結果を残したいなら、山田のように純真に、ひたむきに、無心で野球に取り組めばいいと思う。そうすれば、結果は後から付いてくる。

甲子園は本当にいいところだ。だから、甲子園を目指す球児のみなさんには、ぜひ一度、甲子園に足を運び、そこで生の高校野球を観戦してもらいたい。近年、甲子園のバックネット裏には野球少年たちが招待されているが、あれはとてもいい取り組みだと思う。でも、観戦する場所は内野席でも、外野席でもどこでもいい。とくに「つ」の付く年齢、「9つ」

までのうちに観てもらうのがベストである。私がそうだったように、幼少期の感動は大人になっても鮮烈な記憶としてずっと残る。

山田は野球小僧がそのまま大きくなって甲子園球児となり、そして「プロ野球選手になる」という夢を叶えた。プロ野球選手になる、ならないは別にして、彼の生き方は、全国の球児のみなさんにもきっと参考になるはずだ。

## 一日の終わりをどう過ごすかが大事

野球部に入ってきた新入生たちに対して、私は必ず次の3つのことを話す。

・心のこもった挨拶をする
・自分との約束は必ず守る
・後始末をしっかりとする

私は選手たちに「一日の練習が終わった後、自分の体に感謝しているか？」とよく聞く。

「『今日も一日、ありがとう』と言っているか?」と。

毎日、野球を思いっきりプレーできていることは「当たり前」ではない。「ありがたいな」と自分の体に、そして周囲の人たちや環境に感謝できるか? すべてに感謝する気持ちがあれば、体のケアだけでなく、グラウンド整備や道具の手入れもするようになるだろう。それが私の言う「後始末」である。

「家に帰ってお風呂に入ったら、湯船に浸かりながら自分の体を手で揉みなさい」ということも選手たちによく言う。この気持ちが、健全な心身を作っていく。明日の試合に少しでもベストの状態で臨むには、前の日の後始末、一日の終わりをどう過ごすかが大事なのだ。そういった心掛けが、人間性も高めてくれる。

近江の野球部が、誰からも愛されるチームであってほしい。そのためには、部員は野球をしている時だけでなく、家でも学校でも、先に述べた3つを実践していくことが重要であろう。

「誰からも愛されるチーム」という話が出たので、余談だが先日あった嬉しい出来事をお話ししたい。

2022年、私たちは出場辞退を余儀なくされた京都国際の代替校として、センバツ出場を果たした。センバツ後の6月、私は京都国際の小牧憲継監督にお願いをして、練習試合をしていただくことにした（それまで、うちは京都国際と交流がなかった）。

練習試合は、ナイター設備も兼ね備えたマイネットスタジアム皇子山（大津市）で行った。この試合は一般開放されたこともあり、プロのスカウトや一般の方々もたくさん観戦に訪れてくれた。試合は4－3で私たちが競り勝った。

翌日、学校にいた私に電話がかかってきた。相手の方は、山田のファンであるお子さんと一緒に前日の試合を観に来てくれたそうだ。お子さんは車椅子に乗っており、球場に着いてからエレベーターを探していたところ、うちの選手が駆け寄ってきてエレベーターまで案内してくれたという。電話の方は「それが嬉しくてぜひ、ひと言お礼が言いたくてお電話しました。近江の強さはああいうところにも表れていますね」とおっしゃっていた。

お褒めの言葉をいただき、私のほうもとても嬉しくなった。その案内をした選手が誰だったのか調べたところ、いつも三塁コーチャーをしている控え選手だったことがわかった。私はその選手をみんなの前で褒めた。本書でお話しした「目配り、気配り、心配り」は、まさにこのことであると。これからも私たちは、誰からも愛されるチームを目指してやっていこうと思う。

## 指導者こそ夢を持つ

選手たちに何かを成し遂げてもらうために、「目標を立てろ」「夢を持て」と言っている指導者は多いと思う。もちろん、それは当然のことであるし、私も選手たちにそのように話している。

ただ、選手たちに「目標を立てろ」「夢を持て」と言うからには、指導者自身も目標を立てて、夢を持ち続けなければならないと私は思っている。選手たちから「じゃあ、監督の夢は何なんですか?」と聞かれて、答えに窮しているようではいただけない。指導者だって目標や夢がなければ練習のプランも立てられないし、何より毎日がんばれない。夢のない指導者に「お前ら夢を持て」と言われても、選手たちはきっと納得しないだろう。だから、私は先に述べたように「全国制覇」という大きな目標、夢をモチベーションとして、選手たちと日々練習に取り組んでいるのだ。

私のまわりには、私や近江を応援してくれる人たちがたくさんいる。その人たちのためにも「全国制覇」を成し遂げたい。山田は、チームワークを高めるために、他の選手たちによく「for you」と言っていた。「誰かのために」という気持ちが、チームワークを作る。私は、選手たちや、応援してくれる人たちのために勝ちたい。そして、チームのトップである指揮官が正直に、本音で、どんな夢を語れるかが大事だと思っている。

自分の目標や夢を達成するために、「ああしてほしい」「こうしてほしい」と他者に何かを求めたり、「こうなればいいな」と人任せになったりしてしまうのは、間違った考え方ではないだろうか。

今ある環境に感謝して、その中で何ができるかを考えていく。不平不満、言い訳ばかりを口にしている指導者では、誰も付いてきてくれない。

「甲子園など夢のまた夢」という、あまり強くはない学校の若い指導者の方々から見れば、私の言っていることは「何度も甲子園に出て、勝っているから言えるんだ」と思われるかもしれない。でも「勝っているから言えるんだ」「ベテランだから言えるんだ」と言われても、私にはそれは言い訳にしか聞こえない。そのような言葉が出てくる根底には「うちなんかが勝てっこない」「私には無理だ」という諦めがあるように感じる。

ベテランの私が言うから値打ちがあって、若い指導者の方が言うのは値打ちがない。その考え方も解釈も、絶対に間違っている。どんな経歴だとしても、どのような状況にあっても、選手たちにはチームのトップとしての姿勢を見せなければならない。

目標や夢は、県大会で「優勝」のような大きなものでなくても、何でもいいと思う。「ベスト8進出」でも、「1回戦突破」「公式戦初勝利」などでも、叶えたいことを挙げればいい。その目標に向かって、みんなが一体となることに意味があるのだ。

若い頃の私は血気盛んだったので、智辯和歌山の高嶋仁元監督、横浜の渡辺元智元監督、星稜の山下智茂元監督など、名将と呼ばれる方々と自分を比較して「俺も負けてへんで」と心のどこかで思っていた。あの頃も今も、私は「人間としてどうか」「男としてどうか」という部分で勝負していきたい思いが強い。チームとしても、人間としても「勝てるはずがない」と思った時点で負けである。

先に挙げた高嶋さん、渡辺さん、山下さんは、いずれも高校野球界を盛り上げ、支えてきた名将である。偉大なる多くの先輩方が築いてこられた高校野球が、もっともっと野球少年の心に響く魅力溢れるものに、今後も進化を続けていくことに願いを込め、微力ではあるが私も尽力したいと思っている。

月予定表

# おわりに

2022年夏の甲子園。私が鮮烈に覚えているのは、準々決勝・高松商戦での浅野翔吾選手（読売ジャイアンツ）に打たれた3回表の同点2ランホームランだ。センター方向へ打球は伸び、山田が「センターフライだ」と思った打球は、そのまま加速してスタンドに飛び込んでいった。高めの146キロのストレートを、コンパクトなスイングから最高のポイントでジャストミート。打球は低い弾道でバックスクリーンに突き刺さった。

1打席目は追い込まれてから、低めの変化球を泳ぎながらバットのヘッドを残してうまく拾われ、レフト線に2ベースを打たれていた。そこで、2打席目はストレート勝負に行くところが山田である。浅野選手は、1球目のインサイドのストレートには手を出さなかった。あのストレートに手を出してくれていたら、打ち取れていたかもしれない。しかし、次のストレートは見逃さなかった。野球小僧の清々しさを持ち続けるふたりが作った、多くの野球少年の心にもドーンと響いた、魂のこもった対戦から生まれた素晴らしいホームランだった。

山田には「浅野君は歩かせていい」と伝えてあったが、私は内心「山田は絶対勝負に行くだろうな」と思っていた。本書でもお話ししたが、山田は相手が強ければ強いほど燃え上がる男だからである。

案の定、山田は真っ向勝負に行って、浅野選手に見事に弾き返された。多くの高校野球ファンの心に残る名シーンとなったことは間違いない。将来プロの世界で再び対戦があることを望む熱烈なファンのひとりとして、改めて野球の魅力を再認識させられたものだ。浅野選手は171センチ、山田も175センチとサイズ的に恵まれてはいないふたりだからこそ人一倍努力を積み重ね、高みを目指して挑戦し続ける共通点があるのだろう。

大会通じての投打の主役がハイレベルな対戦を繰り広げ、さらには名門高松商と8－7のベストゲームが準々決勝の舞台でできたことは、近江野球部にとって歴史的偉業である。結果は逆だったが、第100回大会の金足農業戦を思い出す。劇的な幕切れが、それまでの近江の印象を大きく良い方向に変えていくことになるのだ。

私が小学4年生の時に見た延長18回の死闘は、あまりにも衝撃的だった。「甲子園が私の人生そのもの」と言えるきっかけとなった日でもある。8月18日に母が命がけで私を産んでくれたおかげで、あの運命的な一日が生まれた。甲子園との不思議なつながりに因縁を感じずにはいられない。

私が初めて甲子園に出たのは33歳の時だから、気づけばあれから30年の歳月が流れたことになる。多くの方々に支えられ、ここまでやってくることができた。良き選手に恵まれ、良きスタッフの献身的な支えがあっての30年間だったと感謝の言葉しかない。

わがまま勝手な私は、身近で支えていただいている方々に大変なご迷惑をお掛けしているわけだが、「この方がいてくれたおかげで、今の自分がある」と言い切れる大恩人が、田原完行監督（佛教大学）である。田原監督は私と同い年で、大学の時から中味の濃い学生生活を送った仲間でもある。彼は、困った時には親身になって私を助けてくれた。

田原監督は、２０１９年の大学選手権で準優勝を果たしている。長年高校野球の監督と自坊妙楽寺の住職として二足の草鞋《わらじ》を履き、大変な苦労が大学で実を結んで大きく花開いた。そして彼は、うちの野球部にも深く関わってくれている。

本校生え抜きの武田弘和部長、小森博之コーチ両名は、佛教大野球部出身で何かとお世話になっている。武田部長は第90回のセンバツから昨夏まで、５年の間に６度の甲子園出場で16勝を挙げている。そんな部長なんて全国どこにもいない。

小森コーチは、選手として夏の準優勝を経験し、指導者としても春の準優勝を経験した唯一のOBである。私が学校への恩返しと思っている以上に、彼らは母校近江だからこその結果だと受け止めてくれていると信じている。とくに小森コーチは、学校への恩返しの気持ちが強い。

「近江で日本一になりたい」

山田が放った金言が野球小僧の心を摑んだ。志ある有望な中学生が2023年4月には入部してくる。今後は、第二第三の山田が「日本一」を摑み取ってくれる日も、そう遠くはないような気がする。

「近江の野球は甲子園が似合う」

『ファイアーボール』の曲に乗って、グラウンドとアルプスが一体になってこそ甲子園を味方に付けることができるのである。私は、これからも「日本一」になる価値がある、心あるチーム作りを目指していきたい。勝つこと以前に、野球に向き合うひたむきな日々の姿勢が、心を磨き人生を豊かにする。

「高校野球は技術は二流、されど精神は一流」

この言葉通り、応援をいただいているすべてのみなさまから愛される近江野球を追求していくことをお誓いし、結びの言葉に代えたい。

2023年　2月　近江野球部監督　多賀章仁

# 一体感で勝つ

2023年3月24日　初版第一刷発行

著　　者／多賀章仁

発 行 人／後藤明信

発 行 所／株式会社竹書房

〒102-0075 東京都千代田区三番町8-1
三番町東急ビル6F
email：info@takeshobo.co.jp
URL　http://www.takeshobo.co.jp

印 刷 所／共同印刷株式会社

カバー・本文デザイン／轡田昭彦＋坪井朋子

カバー写真／アフロ

協　　力／近江野球部

編集・構成／萩原晴一郎

編 集 人／鈴木誠